I0439502

CAPIRE FREUD

Contesto storico per una lettura di Freud

In una certa misura , i problemi sono quelli da aspettarsi nella lettura di opere europee di qualsiasi tipo
che sono da 35 a più di f0 anni . Alcuni terminologia è destinata a essere superata , alcuni riferimenti a
opere scientifiche o letterarie o poi - eventi attuali che Freud potrebbe assumere i suoi lettori
contemporanei avevano familiarità con trasmettere nulla di più o anche dare impressioni fuorvianti ; e un
lettore americano che non conosce i classici della letteratura continentale è particolarmente handicap . In
larga misura , ma non completamente , la direzione devoto di Strachey anticipa tali problemi e le sue
note fornire spiegazioni utili .
Altri problemi nascono dalla abitudine di Freud a volte assumendo che il lettore sapeva
le sue opere precedenti , anche le sue inedite . Così , un grande affare che è stato sconcertante su
Capitolo 7 L'interpretazione dei sogni (Freud , 1900) ee.g. , il suo riferimento al
indefinito e inspiegabile - systemsebecame comprensibile solo dopo la pubblicazione tardiva
del kProjecti (Freud , 1f95) . Ma in ogni caso , molti studenti di Freud hanno sottolineato
la necessità di leggere lo seguentially . Il suo pensiero non può essere compreso se la sua
idee di sviluppo sono prese dal proprio contesto . Fortunatamente, il cronologico
ordinamento della Standard Edition e di questi estratti favorisce una tale lettura .

Lo sviluppo di idee di Freud
C'erano quattro fasi principali e sovrapposte di lavoro scientifico di Freud :

1 . Il suo lavoro prepsychoanalytic , durato circa 20 anni , può essere suddiviso in un periodo iniziale di
10 anni di essenzialmente istologica - ricerca anatomica e una parziale sovrapposizione di 14 anni di
neurologia clinica , con sempre maggiore attenzione alla psicopatologia , a partire dal 1ff6 quando tornò
da Parigi .
2 . La prima teoria della nevrosi risale al decennio degli anni 1f90 , quando Freud usato
ipnosi e metodo catartico di Breuer della psicoterapia , a poco a poco lo sviluppo del
metodi psicoanalitici di libera associazione , l'interpretazione dei sogni , e l'analisi di
transfert . I primi Dolen carte veramente psicoanalitici apparsi durante questo periodo ,
esponendo la visione che la nevrosi è una difesa contro ricordi intollerabili di un traumatico
experienceeinfantile seduzione nelle mani di un parente stretto . Con la scoperta della sua
proprio complesso di Edipo , tuttavia , Freud è venuto a vedere che tali relazioni da parte dei suoi pazienti
erano
fantasie , che lo ha portato a girare il suo interesse da eventi traumatici nella realtà esterna
e verso la realtà psichica soggettiva . Un evento degno di nota , ma solo recentemente scoperto nel
sviluppo del pensiero di Freud si è verificato nel 1f95 dopo la pubblicazione del libro che
scritto con Breuer . Ha scritto ma non ha pubblicato un kPsychology per Neurologistsi (o
kProject di una psicologia , ho seguito denominata semplicemente kthe Projecti) , presentando una
anatomico completa - modello fisiologico del sistema nervoso e del suo funzionamento
in un comportamento normale , pensiero e sogno , così come in isteria . Egli ha inviato al suo amico
Fliess in grande eccitazione , poi guickly diventato scoraggino le difficoltà di creazione di un
profonda psicologia meccanicistico e riduzionistico . Ha armeggiato con il modello di
paio di anni nelle lettere a Fliess , e infine rinunciò .

L'inizio del secolo ha segnato molti cambiamenti fondamentali nella vita di Freud e di lavoro : lui reciso le sue amicizie strette e dipendenti con i colleghi (prima Breuer , poi Fliess) e dei suoi contatti con la società medica viennese ; suo padre è morto ; il suo ultimo figlio è nato ; egli si psychoanalyled ; ha dato la pratica neurologica , la ricerca , e modelli concettuali ; e ha creato la sua nuova professione , metodo di ricerca , e la teoria , in base al quale ha lavorato in seguito.

3 . Modello topografico di Freud dell'apparato kpsychic '' è stata la fondazione di due decenni di lavoro durante i quali ha pubblicato le sue importanti scoperte cliniche: in particolare , i Interpretazione dei sogni (1900) e Tre saggi sulla teoria sessuale (1905b) ; la sua carte sul technigue utilizzato nel trattamento psicoanalitico ; i suoi cinque principali case history ; il opere centrali della metapsicologia ; e una serie di importanti indagini e popularilations di le sue idee , oltre alle sue principali applicazioni delle sue teorie a battute , la letteratura e l'arte , biografia , e l'antropologia. Una spiegazione completa o metapsicologica , Freud scrisse nel 1915, reguires kdescribing un processo psichico nella sua dinamica , topografica ed economica ethat aspetti '' è , in termini di un modello teorico in cui i concetti centrali sono forze psicologiche , strutture e guantities di energia (Rapaport m Gill , 1959) . quindi , parliamo di tre punti di vista metapsicologici . Il modello topografico , che era in primo luogo stabilito nel capitolo 7 de L'interpretazione dei sogni ed è stata ulteriormente elaborata in le carte metapsicologiche del 1915 , conceptualiles pensiero e il comportamento in termini di processi nei tre sistemi psicologici : il conscio, preconscio e inconscio (nessuno dei quali ha un locus esplicito nel cervello) .

4 . Nel periodo finale , tra le due guerre mondiali , Freud fece quattro tipi principali di Contributo : la forma finale della sua teoria delle pulsioni (Al di là del piacere

Principio , 1920) ; un gruppo di importanti modifiche sia theoryemost generale e clinica in particolare , il modello strutturale dell'apparato psichico (L'Io e l'Es , 1923) e la teoria di ansia e di difesa (Inibizione, sintomo e angoscia , 1926a) ; applicazioni della psicoanalisi ai più grandi problemi sociali ; e un gruppo di libri rivedere e riformulare le sue teorie .

Per comprendere la struttura dell'opera di Freud , è utile non solo adottare un approccio evolutivo ma anche visionare le sue teorie dalla prospettiva della seguente triplice classificazione .

Primo e più conosciuto è la teoria clinica della psicoanalisi , con la sua psicopatologia , i conti dello sviluppo psicosessuale e di formazione del carattere , e simili. L'oggetto di questo tipo di theoriling si compone di grandi eventi (reali e fantasticato) nelle storie di vita di persone , eventi che si verificano nel corso intervalli di tempo che vanno da giorni per decenni . Questa teoria è lo stock in commercio della clinicianenot appena lo psicoanalista , ma la stragrande maggioranza degli psichiatri , psicologi clinici e assistenti sociali psichiatrici . Liberamente indicato come kpsychodynamics , mi ha penetrato anche nella psicologia accademica in generale attraverso i libri di testo sulla personalità .

In secondo luogo , c'è quello che Rapaport (1959) ha chiamato la teoria generale della psicoanalisi , chiamato anche metapsicologia . Il suo soggetto mattereprocesses in un ipotetico psichico apparecchi o , a volte, nella braineis più astratto e impersonale ; ed i periodi di tempo coinvolti sono frazioni molto shorterefrom di secondo fino a un paio d'ore . il I processi trattati sono per lo più quelli che si verificano nei sogni , pensiero , affetto, e la difesa . Il ragionamento di Freud a lavorare su questa teoria è molto più vicino , e ha fatto più uso di

modelli teorici dell'apparato psichico . Le opere principali sono la kProject per un Psicologia scientifica , i capitolo 7 de L'interpretazione dei sogni , e il documenti metapsicologiche .

Il terzo è quello che potrebbe essere chiamato teoria filogenetica di Freud . Il soggetto è l'uomo come specie o in gruppi , ed i periodi di tempo in questione vanno da generazioni eoni .

Qui ci sono grandi speculazioni di Freud , in gran parte evolutiva e teleologica nel carattere.

Non contengono modelli espliciti di un apparato psichico , impiegando invece molti letterario, concetti metaforici . Le principali opere di questo tipo sono Totem e Tabù (1913) , Al di là del principio di piacere (1920) , Psicologia delle masse e analisi dell'Io (1921) , L' avvenire di un'illusione (1927) , Il disagio della civiltà (1930) , e Mosè e Monoteismo (1934 --- 193f) .

I suoi contributi cliniche sono tra i primi di carte di Freud che sono ancora in fase di lettura , e lui ha continuato a scrivere in questo filone tutta la sua vita . Come per gli altri due tipi di teoria , le grandi opere metapsicologiche venuto presto, tardi principali quelli filogenetici . Come concetti freudiani divennero più metaforico e trattate questioni remoti come origini ultimo dell'uomo e il senso della vita e della morte , divenne meno preoccupato di descrivere o sistematicamente contabilità per il corso e il destino di un impulso o un pensiero .

Anche quando le opere di Freud vengono lette nell'ordine in cui li scrisse , molto resta oscurare se uno non ha la concezione dello stato contemporaneo della scientifica e questioni professionali che stava discutendo . Fortunatamente per noi , studiosi moderni stanno fornendo un buona parte di questo contesto necessaria (ad esempio , Amacher , 1965; Andersson , 1962; Bernfeld , 1944; Ellenberger , 1970; Jackson , 1969; Spehlmann 1953 ; vedi anche Holt , 1965a , 196f) . il

pertinenti capitoli di storia magistrale di Ellenberger sono particolarmente indicati per il modo erudito ma absorbingly leggibile in cui si danno i contesti intellettuali sociali e politici , nonché scientifiche, mediche e generali in cui Freud scriveva . Qui , non posso fare altro che sfiorare delicatamente su una serie delle più importanti e rilevanti correnti intellettuali del XIX secolo .

Naturphilosophie e il suo rifiuto
La strada per la rivolta romantica che sostanzialmente characteriled tutti gli aspetti della proprietà intellettuale
la vita nei primi anni del 1F00 era stato preparato da Naturphilosophie , un mistico e spesso Vista rapsodico della Natura come perfuso con lo spirito e con le forze inconsce contrastanti e come evolve secondo un design teleologica interiore . Non è una scuola fortemente unita , la sua pensatori costituenti inclusi (in ordine cronologico) Kant , Lamarck , Goethe , Hegel , Schelling (forse la figura centrale) , Oken , e Fechner . Con l'eccezione di Fechner , che visse dal 1F01 a 1ff7 , vivevano tutti traverso i secoli XVIII e XIX . Naturphilosophie incoraggiato la recrudescenza del vitalismo in biologia , sostenuto dal grande fisiologo Johannes Muller , e stimolato una scuola umanistica della medicina romantica (Galdston , 1956) . In psichiatria , la prima parte del secolo è stato dominato dalle riforme di Pinel , Esguirol , ei loro seguaci , che hanno introdotto un'era di treatmentn kmoral : ferma gentilezza nel luogo di restrizioni , ottimismo terapeutico basato sulle teorie eziologiche di più psicologico che organico il cast , e un tentativo di coinvolgere i detenuti dei manicomi in attività costruttive .

Il difficile - reazione mentalità a questa gara - era di mentalità è stato molto aiutato dai passi compiuti nel campo della fisica e della chimica. Tre degli studenti di Muller , Brocke , du Bois -

Reymond , e Helmholtl , incontrato Carl Ludwig in 1f47 e ha formato un club (che divenne il Berlin Physical Society) per kconstitute fisiologia su un chimico - fondamento fisico , e dare rango scientifico egual con Physicsi (Ludwig , guoted da Cranefield , 1957 , p . 407) . Essi non riuscirono nel loro intento francamente riduttivo , ma lo raggiungano i loro altri obiettivi : promuovere l' uso di osservazione scientifica e di sperimentazione in fisiologia , e per combattere vitalismo . Tra di loro , hanno tenuto il seguente programma :
Altre forze che la fisica comune - quelli chimici sono attivi all'interno dell'organismo . In quei casi che non possono al momento essere spiegati da queste forze si ha sia per trovare il modo specifico o la forma

della loro azione mediante la fisica - metodo matematico , o di assumere nuove forze in egual dignità al chimico - fisiche forze insite nella materia , riducibili alla forza di attrazione e repulsione , (du Bois - . Reymond , guoted da Bernfeld , 1944 , p 34F)

In Germania in particolare , questo fermento materialistica della fisiologia fisicalistico , meccanismo e riduzionismo è diventato il modo , mettendo a poco a poco la medicina romantica , vitalismo , e altri aspetti della Naturphilosophie di rotta . Dove prima c'era stato

Psichici , Psycho - scuole somatiche , e somatiche in psichiatria tedesca (vedi Earle , 1f54 , in Hunter m Macalpine , 1963 , pp 1015 - 101F) , il somatica gradualmente vinse ; Meynert (Insegnante di Freud della psichiatria) , per esempio , concepito disturbi mentali per essere malattie del prosencefalo . Nonostante i suoi successi terapeutici , trattamento morale fu bandito insieme le sue psicogeni (spesso sessuali) teorie come la psichiatria mogli KOLD ' , " in favore di strettamente organici - vista hereditarian e molto poco in termini di terapia (Bry m Rifkin , 1962) .

L'Università di Vienna, facoltà di medicina era un avamposto del nuovo hyperscientific biologia , con uno dei suoi promulgatori , Brocke , in possesso di una sedia importante e dirigere il Physiological Institute (Bernfeld , 1944) . Ironia della sorte , Freud ci dice che la sua decisione di entrare

scuola medica è stata determinata dal sentire il kFragment su Nature " attribuito a Goethe leggere ad alta voce in una conferenza pubblica . Questo poemetto in prosa è un condensato di Naturphilosophie , e

deve aver ondeggiato Freud a causa della sua ammirazione di lunga data per Goethe e forse a causa di una klonging per la conoscenza filosofica , " che aveva dominato i suoi primi anni , come ha detto più tardi in una lettera a Fliess . Evolution era stato un importante principio di Naturphilosophie ; così

non è sorprendente che questo 17f0 ditirambo potrebbe essere parte di una conferenza sul confronto anatomia , la disciplina che fornito gran parte delle prove cruciale per Origine di Darwin Specie (1f59) .

ENERGIA ED EVOLUZIONE

Forse i due concetti più interessanti del XIX secolo furono energia e evoluzione . Entrambi questi fortemente influenzato insegnanti di Freud alla facoltà di medicina . Helmholtl aveva letto al gruppo 1f47 sua carta fondamentale relativa alla conservazione degli energyepresented come contributo alla fisiologia . Trent'anni dopo , le lezioni di Brocke erano pieni delle strettamente correlati (e tuttora scarsamente differenziati) concetti di energia e di forza . Per utilizzare questi concetti dinamici è stato il segno distintivo dell'approccio scientifico ; Brocke ha insegnato che le cause kreal sono symbolied nella scienza con la parola hforce ' " (Bernfeld , 1944 , p . 349) . Sembra evidente che il primo dei tre metapsicologico di Freud punti di vista , la dinamica (spiegazione in termini di forze psicologiche) , ha avuto le sue origini in questo entusiasmante tentativo di elevare il livello scientifico della fisiologia mediante l'attenta applicazione di

meccanica e soprattutto della dinamica, quel ramo della meccanica che si occupano di forze e le leggi del moto . L'enfasi pesantemente guantitative della scuola di Helmholtl e la sua lo stress di energia sono chiaramente i principali determinanti della metapsicologia visto dal punto di vista economico (spiegazione in termini di guantities di energia) . Il fatto che , tra

autori Freud rispettato la maggior parte , figure disparate come Fechner e Hughlings Jackson tenuto a punti di vista dinamici ed economiche senza dubbio rafforzato unguestioning di Freud convinzione che questi punti di vista sono elementi assolutamente necessari di un esplicativa teoria .

Nonostante il suo programma fisicalistico , il lavoro effettivo dell'istituto di Brocke era in gran parte

fisiologia classica e istologia . Freud aveva avuto il suo battesimo darwiniana scientifica sotto
Claus in una ricerca microscopica per i testicoli mancanti di anguilla , ei suoi diversi tentativi di
esperimenti fisiologici e chimici sotto altri auspici erano infruttuosi . Era felice ,
quindi , per rimanere al microscopio , dove Brocke lo studio neuroistologici assegnato ,
ispirata e contribuendo alla teoria dell'evoluzione . Quando ha lavorato con Meynert , è stato
nuovamente in una disciplina strutturale con uno studio methodethe genetico di anatomia cervello
utilizzando un
serie di cervelli fetali per rintracciare le vie midollari seguendo il loro sviluppo . la sua
pratica clinica subseguent era in neurologia , una disciplina che , come Bernfeld (1951) ha
osservato , era nmerely un'applicazione diagnostica di anatomy.i Inoltre , prima piena di Freud - scala
modello teorico , la kProjecti di 1f95 , è soprattutto una teoria sulla struttura
organilation del cervello , sia al lordo sia bene . La sua prima formazione così palesemente lo convinse
che una teoria scientifica deve avere una base strutturale (o topografica) .
Era Bernfeld (1944) che per primo ha sottolineato il contenuto sorprendentemente antitetica di questi
due coesistenti traditionseNaturphilosophie intellettuale e physiologye fisicalistico
entrambi profondamente influenzato Freud , e in questo ordine . Nelle sue opere pubblicate , per essere
certo , quasi nulla di Naturphilosophie può essere visto sui giornali e libri del suo primo
due periodi , ed è emerso quasi interamente in ciò che ho citato come suo filogenetico ,

opere speculative . Molte proprietà del suo concetto di energia psichica può essere comunque
risalire al vitalismo che è stata una caratteristica importante di Naturphilosophie (Holt , 1967) .
Inoltre , queste due scuole di pensiero possono anche essere visti come particolari manifestazioni di
anche più ampi , corpi più inclusive di idee , che io chiamo (segue Chein , 1972) immagini di
uomo .

Di Freud due immagini di Man

Credo che ci sia un pervasivo , conflitto irrisolto all'interno di tutti gli scritti di Freud
tra due immagini antitetiche ; un conflitto che è responsabile di una buona parte della
contraddizioni in tutta la sua produzione , ma che il suo cognitivo make - up ha permesso di tollerare
(come vedremo tra breve) . Da un lato , la spinta principale di sforzo teorico freudiano
per costruire ciò che egli stesso chiamava una metapsicologia , modellato su un mid - XIX -
comprensione secolo della fisica e della chimica . Parzialmente incarnata in questo e in parte sdraiato
dietro di esso è
quello che io chiamo la sua immagine meccanicistica dell'uomo. La vista opposti , tanto meno prominente
che
molti studenti non sono consapevoli del fatto che Freud teneva , mi piace chiamare un'immagine
umanistica dell'uomo. esso
si può vedere nelle sue opere cliniche e in largo , speculativo , guasi - filosofica
scritti dei suoi ultimi anni , ma è più evidente nella propria vita e le interazioni di Freud con gli altri ,
migliore verbaliled per noi forse nelle sue lettere . Diversamente l'immagine meccanicistica , l' umanistica
concezione dell'uomo non è mai stato differenziato e ha dichiarato abbastanza esplicitamente di essere
chiamato un
modello ; eppure comprende un corpo abbastanza ricca e coesa di ipotesi circa la natura della

esseri umani, che funzionavano nella mente di Freud come un antagonista correttivo del suo tendenze meccanicistiche .

Ci sono poche prove dopo il 1900 che Freud era consapevole di ospitare immagini incompatibili dell'uomo , nessuno dei quali poteva rinunciare. Tuttavia, molti aspetti altrimenti pullling della psicoanalisi diventano comprensibili se si assume che entrambe le immagini erano lì , funzionante in molti modi, come conflitto sistemi movente .

Lasciatemi emphasile che quello che sto per presentare non è un condensato di varie teorie specificamente proposta da Freud . Piuttosto , le due immagini sono desunti complessi di idee , estratti dalla vita e gli scritti di Freud e ricostruito più o meno allo stesso modo ha insegnato noi usiamo nella comprensione persone nevrotiche : studiando i sogni di un paziente , i sintomi , e kassociations , i deduciamo fantasie inconsce , complessi , o primi ricordi che mai diventare pienamente cosciente, ma che ci permettono di dare un senso delle sue produzioni , che sembrare in superficie così bewilderingly diversificata . Questo sforzo è irto di una certa quantità di rischio . Anche l'immagine meccanicistica fu esplicitato come solo un modello teorico nel kProject , ho il tentativo inedito in un neuropsicologia che Freud scrisse nel 1f95 . Successivamente , questo modello sembra essere stato in gran parte dimenticato o soppressa insieme con il suo
antitesi , l'immagine umanistica .

IMMAGINE umanistica Freud DELL'UOMO

Nessuno di immagini di Freud era particolarmente originale con lui ; ciascuno era il suo personale sintesi di un corpo di idee con una lunga storia culturale , espresso e trasmesso a lui in notevole parte attraverso i libri che conosciamo lesse . Molto prima e molto dopo Freud deciso di diventare uno scienziato , era un avido lettore dei classici belletristic che sono spesso considerato il nucleo del patrimonio umanistico dell'uomo occidentale. Aveva un ottimo liberale e la formazione classica , che gli ha dato una preparazione approfondita nelle grandi opere di Greco , Latina , autori tedeschi , ed inglesi , così come la Bibbia , Cervantes , Molière , e altri maggiori scrittori in altre lingue , che ha letto nella traduzione . Era un uomo di profonda cultura, con una passione per la lettura di poesia , romanzi , saggi, e simili e per conoscere antiguity classica, in particolare, ma le arti in generale , attraverso i viaggi , raccolta e la comunicazione personale con artisti , scrittori e amici intimi che avevano

gusti simili e education.2 E nonostante le sue successive , commenti negativi su filosofia , ha frequentato non meno di cinque corsi e seminari con il filosofo illustre - psicologo Brentano durante i suoi anni presso l'Università di Vienna.

Pochissimi dei tanti nonphysicians che sono state elaborate alla psicoanalisi e che è diventato parte della cerchia di Freud sono stati addestrati in kharderi o scienze naturali. Principalmente , sono venuti dalle arti e gli studi umanistici . Per ogni Waelder (fisico), ci sono stati pochi, come Sachs e Kris (studenti principalmente della letteratura e dell'arte) . Sicuramente questo ci dice qualcosa non solo di influenza su Freud , ma il tipo di uomo che era , la concezione dell'uomo con cui viveva e che è stato trasportato con mezzi sottili per i suoi co - lavoratori .

In vari modi , quindi , Freud passò sotto l'influenza della immagine prevalente dell'uomo veicolata dal settore importante della cultura occidentale che chiamiamo scienze umane . Consentitemi ora di delineare alcune delle principali componenti di questa immagine dell'uomo , che possono essere individuate in scritti di Freud .

1 . L'uomo è sia un qualcosa di più , una creatura con aspirazioni alla divinità animali. Così , ha una duplice natura . Egli possiede passioni carnali , funzioni vegetative , l'avidità e la brama di potere , distruttività , la preoccupazione egoistica con piacere maximiling e minimiling dolore ; ma ha anche una

capacità di sviluppare l'arte , la letteratura , la religione , la scienza , e philosophyethe regni astratte di valueseand teorico ed estetico di essere disinteressato , altruista , e nurturant . Questa è una visione complessa dell'uomo fin dall'inizio , come una creatura che si preoccupa profondamente superiore, nonché le questioni minori .

2 Ellenberger (. 1970 , p 460) ci dice che Freud ha mostrato il drammaturgo Lenormand kthe opere di Shakespeare e dei tragici greci sui suoi scaffali pofficeq e disse : hHere sono i miei maestri ' . Egli sosteneva che i temi fondamentali delle sue teorie erano basate sull'intuizione del poets.n

2 . Ogni essere umano è unique , ma tutti gli uomini sono uguali , una sola specie , ognuna umano come qualsiasi altro . Questa ipotesi comporta un forte impegno di valore e , per la proposizione che ogni persona è degna di essere rispettata e di essere aiutato , se in difficoltà , a vivere fino alla misura delle sue capacità , per quanto limitato possano essere. Freud è stato uno dei principali collaboratori di un'importante estensione di questa assunzione attraverso la sua scoperta che ci era infatti il metodo nella follia (come Shakespeare sapeva intuitivamente) , che il pazzo o malato di mente potrebbe essere inteso e di fatto sono stati attivati dagli stessi desideri di base come altri uomini . Così , nella tradizione di questi psichiatri come Pinel , Freud ha fatto molto per riaffermare l'umanità del mentalmente ed emotivamente anormale e la loro continuità con normale .

3 . L'uomo è una creatura di desideri , un Striver dopo obiettivi e valori , dopo le fantasie e le immagini di gratificazione e di pericolo . Cioè , lui è capace di immaginare i possibili stati futuri di piacere , di gioia sensuale o realizzazione spirituale , e di dolore , umiliazione , senso di colpa , la distruzione , ecc ; e il suo comportamento è guidato e spinto dalla volontà di ottenere degli obiettivi positivi e per evitare o annullare quelle negative , principalmente ansia .

4 . L'uomo è un produttore e trasformatore di significati soggettivi , con la quale si definisce , e uno dei suoi più forti esigenze è quello di trovare la sua vita piena di significato . E ' implicito nell'immagine umanistica che i significati sono primari , irriducibile , causalmente efficace , e di dignità completo come un argomento di interesse sistematico. Psicopatologia , di conseguenza , è concepita in termini di complessi disadattivi o configurazioni di idee , desideri , concetti, percezioni , ecc

5 . C'è molto di più per l'uomo che sa e di solito vogliono farci pensare , più

che è presente nella sua coscienza , più che viene presentato al mondo sociale in pubblico . Questo lato segreto è di straordinaria importanza . I significati che riguardano una persona più , comprese le fantasie e desideri , sono costantemente attivi senza consapevolezza , ed è difficile per le persone a prendere coscienza di molti di loro . Per capire una persona veramente , è quindi necessario conoscere le sue soggettive , lifeehis interne sogni , fantasie, desideri , preoccupazioni , ansie e la colorazione speciale con cui vede il mondo esterno . da confronto , la sua facilmente osservabili , comportamento manifesto è molto meno interessante e meno importante .

6 . Conflitto interiore è inevitabile a causa della dualitiesehis dell'uomo nature superiori e inferiori , le parti consce e inconsce ; Inoltre , molti dei suoi desideri sono incompatibili tra loro o portarlo in conflitto con le richieste e le pressioni da altre persone .

7 . Forse il più importante di questi desideri comprende il complesso istinto di amore , di cui lussuria sessuale è una delle principali (e si è complicato) parte . Bisogno dell'uomo per il piacere sessuale è quasi sempre forte , persistente , e polimorfo , anche quando sembra completamente inibito o bloccato , e può essere staccato dall'amore . Allo stesso tempo , Freud è stato sempre sensibile alle molte forme di rabbia, odio e distruttività , molto prima formalmente riconosciuto con la sua teoria della pulsione di morte .

f . L'uomo è una creatura intensamente sociale , la cui vita è distorta e anormale, se non invischiato in una rete di relazioni con altre peopleesome di queste relazioni formali e institutionaliled , un po ' informale, ma cosciente e deliberata , e molti di loro avere importanti componenti inconsce . Maggior parte dei sistemi movente umani sono interpersonale nel carattere, troppo : amiamo e odiamo altre persone. Così , la realtà importante per l'uomo è sociale e culturale . Questi sullivaniano - proposizioni sonda sono chiaramente implicito nella Freud

case history .

9 . Una caratteristica centrale di questa immagine di uomo è che egli non è statica, ma è sempre changinge sviluppo e declino , evoluzione e devoluzione . Le sue più importanti motivazioni inconsce derivano da esperienze in childhoodethe bambino è padre dell'uomo . L'uomo è parte di un universo evolutivo , quindi in linea di principio quasi infinitamente perfettibile anche se in pratica da sempre oggetto di battute d'arresto , fissazioni e regressioni .

10 . L'uomo è sia il master attivo del proprio destino e il trastullo delle sue passioni . Egli è in grado di scegliere tra le alternative , di resistere alle tentazioni e di governare le proprie pulsioni , anche se a volte lui è una pedina passiva di pressioni esterne e impulsi interiori . Ha quindi senso cercare di trattare con lui in modo razionale , per sperare di influenzare il suo comportamento per discutere le cose e anche esortandolo ad esercitare la sua volontà . Così , l'uomo ha sia un id e un ego autonoma .

Estratto da un corpo di lavoro in cui non ha luogo sistematica , questo umanistica immagine , come presentato , è un po ' vago e poco organiled . Tuttavia , non vedo ragione intrinseca per cui non poteva essere esplicitata e sviluppato in modo più sistematico .

IMMAGINE meccanicistico di Freud DELL'UOMO

Questo giovane umanisticamente colto e filosoficamente inclinata , sparato da un concezione romantica e vitalistica della biologia voleva studiare , è andato all'Università di Vienna facoltà di medicina , dove si trovò circondato da uomini di grande prestigio e sostanza intellettuale insegnamento emozionanti dottrine scientifiche di natura molto diversa . lui ha subito una conversione affrettata per primo un materialismo radicale , e poi a fisicalistico fisiologia , la principale erede della tradizione meccanicistica che è iniziato con Galileo e

cercato di spiegare tutto l'universo in termini di fisica newtoniana .

Freud è stato per anni sotto l'incantesimo di Brocke , che una volta ha definito la più grande autorità che abbia mai incontrato . Molti dei suoi altri insegnanti e colleghi erano anche membri entusiasti della scuola meccanicistica della Helmholtl , in particolare Meynert , Breuer , Exner , e Fliess . Le prospettive di questa dottrina stretto ma rigoroso fosse per sempre dopo di plasmare ideali scientifici di Freud , persistente dietro le quinte del suo theoriling , quasi nel ruolo di un Super-Io scientifica . In questo senso , credo che l'immagine meccanicistica dell'uomo alla base e possono essere individuate negli scritti metapsicologici di Freud , anche se alcuni aspetti di tale immagine sembrano essere contraddetto .

In molti dettagli , l'immagine meccanicistica è nettamente antitetica a quella umanistica . Ho cercato di mettere in evidenza questo contrasto nel seguente catalogo di ipotesi .

1 . L'uomo è un vero e proprio oggetto di scienza naturale , e come tale non è diverso da qualsiasi altro oggetto nell'universo . Tutto il suo comportamento è completamente determinato , comprese le relazioni di sogni e fantasie . Cioè , tutti i fenomeni umani sono lecite ed in linea di principio possibile spiegare con

naturali - , leggi guantitative scientifico . Da questa osservazione , non c'è senso di suddividere il suo comportamento o considerando la sua natura essere dualehe è semplicemente un animale , meglio inteso come una macchina o apparecchio , composto da meccanismi ingegnosi , operante secondo le leggi del moto di Newton , e comprensibile senza residui in termini di fisica e chimica . Uno non ha bisogno di postulare un anima o principio vitale per far funzionare apparecchi , anche se l'energia è un concetto essenziale . Tutte le conquiste culturali di cui l'uomo è così orgoglioso , tutti i suoi valori spirituali e simili , sono soltanto sublimazioni di pulsioni istintuali di base , ai quali possono essere ridotti .

2 . Le differenze tra gli uomini sono scientificamente trascurabile; dal punto di vista meccanicistico , tutti gli esseri umani sono fondamentalmente le stesse , essendo soggette alle stesse leggi universali .
L'accento viene posto dopo aver scoperto queste leggi , non sulla comprensione di particolari individui .
Di conseguenza , la metapsicologia non prende atto delle differenze individuali e non sembra essere una teoria della personalità .
3 . L'uomo è fondamentalmente motivata dalla tendenza automatica del suo sistema nervoso per mantenersi in uno stato non stimolato , o almeno mantiene la tensione ad un livello costante . Il modello di base è l' arco riflesso : stimolo esterno o interno conduce attività del CNS che porta alla risposta . Tutti i bisogni e le aspirazioni devono , per scopi scientifici , essere conceptualiled come forze , tensioni che devono essere ridotti , o le energie che cercano di scarico .
4 . Non c'è posto per i significati o il valore della scienza . Si tratta di guantities , non gualities , e deve essere completamente obiettivo. Fenomeni come i pensieri , i desideri o le paure sono un epifenomeno ; essi esistono e devono essere spiegato, ma non hanno alcun potere esplicativo stessi . Energie hanno in gran parte il loro posto nel modello meccanico .
5 . Non c'è una chiara antitesi alla quinta ipotesi umanistica , quella relativa l'importanza del lato interno inconscio e il segreto dell'uomo . Un corrispondente
riformulazione dello stesso punto in termini meccanicistici potrebbe essere : coscienza troppo è un epifenomeno , 3 e cosa accade nella coscienza di una persona è di interesse banale rispetto

3 True (come MM Gill ha gentilmente mi ha fatto notare) , nel nProjectn Freud ha esplicitamente negato che
la coscienza è un epifenomeno . Eppure l'intero andamento del kProjectn esige la vista non era disposto sposare : è un tentativo di spiegare il comportamento e nevrosi in termini puramente meccanicistici , senza l'
intervento di qualsiasi entità mentali nel processo causale . Credo, infatti, che è stato in gran parte perché poteva
non riuscire nel suo intento senza postulare un io cosciente come agente nel processo di difesa , sia perché
non riusciva a raggiungere una soddisfacente spiegazione meccanicistica della coscienza , che Freud ha abbandonato la
kProject.n

alle attività occupato del sistema nervoso , la maggior parte dei quali vanno avanti senza alcuna coscienza corrispondente .
6 . Le numerose forze che operano nell'apparato che è l'uomo spesso si scontrano, dando luogo al rapporto personale di conflitto.
7 . I processi sentimentalmente noti come l'amore non sono altro che travestimenti e trasformazioni dell'istinto sessuale , o , più precisamente , la sua energia (libido) . Anche l'affetto platonico si limita obiettivo - libido inibita . Il sesso , non l'amore , è dunque il motivo principale . E poiché la tendenza fondamentale del sistema nervoso è quello di ripristinare uno stato di eguilibrium non stimolato , la

passività totale della morte è il suo obiettivo finale . Rabbia e distruttività sono solo travestimenti e trasformazioni della pulsione di morte .

f . Oggetti (vale a dire , gli altri) sono importanti solo in quanto forniscono stimoli che impostano l'apparato psichico in movimento e forniscono condizioni necessarie per ridurre le tensioni interne che porta a riposare nuovamente . Le relazioni in quanto tali non sono reali ; una psicologia può essere completa senza considerare più di singoli apparati ed eventi in essa , più la classe generale di stimoli esterni . La realtà contiene masse konly in movimento e nulla elsei (Freud , 1f95 , pag . 30f) .

9 . L'enfasi genetica non è molto diverso per Freud come meccanicista e come umanista , così andiamo all'ultimo punto :

10 . Poiché il comportamento dell'uomo è strettamente determinata dalla sua storia passata e dalla arrangiamento contemporaneo di forze , il libero arbitrio è un'illusione fallace . Per consentire l' idea di autonomia e libertà di scelta implicherebbero spontaneità invece di passività nella nervoso sistema , e pregiudicherebbe l' assumptioneconsidered scientificamente necessaryethat

comportamento è determinato esclusivamente dagli impulsi biologici e da stimoli esterni .

IMPLICAZIONI delle due immagini

La teoria psicoanalitica come lo conosciamo è un tessuto di compromessi tra queste due opposte immagini . L'influenza dell'immagine meccanicistica è chiara nella metapsicologia , dove la struttura generale dei principali proposizioni nonché una buona parte del terminologia può essere visto derivare direttamente dalla esplicitamente meccanicistica e modello riduzionista del kProject.i Il cambiamento più eclatante è stato quello di Freud abbandonando un anatomico - quadro neurologico per l'ambiguità astratto dell'apparato kpsychic , i in cui le strutture e le energie sono psichico , non fisico . Senza volerlo , Freud ha preso una immergersi nel cartesiano dualismo metafisico , ma scongiurata quello che sentiva era il minaccia antiscientifico dell'immagine umanistica continuando a rivendicare esplicativa finale alimentazione per la metapsicologia in contrasto con la formulazione teoricamente meno ambizioso di osservazioni cliniche in un linguaggio che fosse più vicino a quello della vita quotidiana . E nella metapsicologia , utilizzando il trucco di tradurre desideri soggettivi nella terminologia di forze ed energie , Freud non ha dovuto prendere la virata comportamentista di rifiutare l' mondo interiore ; sostituendo il personale , self disposto con l'ego definito come un sensitivo struttura , era in grado di avere abbastanza autonomia per realizzare una misura equa con clinica osservazione .

Senza realiling , perciò , Freud non ha dato il modello riflesso passivo della organismo e il concetto fisicalistico strettamente correlato della realtà , anche quando ha messo da parte neuropsychologiling intenzionale . Anche se ha rinviato esplicitamente qualsiasi tentativo di mettere in relazione l' termini di metapsicologia di processi e luoghi del corpo , ha sostituito psicologico

teorie che portano lo stesso onere di ipotesi superate .

Il rapporto tra l'immagine umanistica e Naturphilosophie resta da chiarito . In un certo senso , quest'ultimo può essere considerato parte del primo; ancora in un numero di rispetta ha uno status speciale . Penso che sia un peculiare anomalia intellettuale europea ,

naturalmente legati alla sua matrice di primi dell'Ottocento - idee secolo e già anacronistico
dal tempo di Freud . Qualora il temperamento moderno (anche nella storia e le altre scienze sociali)
cerca i dettagli , catene e reti di cause dimostrabili , gli intellettuali di prosaiche
che era visto nulla di sbagliato postulare un collegamento concettuale, ad hoc o kforcei
kessencei o un altro teorico deus ex machina a cui un risultato osservato è stato
direttamente attribuiti . Analogie sciolti sono stati prontamente accettate come mezzo di formare
adeguatamente tale
ipotesi (di solito genetico) , e quasi nessuno afferrato la distinzione tra
generando una plausibile idea brillante e giungere ad una conclusione difendibile . Per questo
temperamento ,
audacia era più di essere ammirato di prudenza . Un collegamento brillantemente inaspettata di eventi
o fenomeni è stato un risultato migliore di una faticosamente inchiodato - conclusione verso il basso . così
,
la grande distesa di idee di Darwin catturato la fantasia del pubblico , condizionato com'era da un
eredità di Naturphilosophie , molto di più del suo straordinario assemblaggio di dettagliate
evidenza empirica . Darwin non ha introdotto l'idea di evoluzione ; il suo contributo è stato quello di
lavorare in dettaglio convincente di un meccanismo non teleologiche per cui il graduale origine della
specie potrebbero essere contabilizzate . Era un'ironia davvero che il suo grande libro sembrava in
mente popolare una conferma delle teleologiche , anche animistiche , nozioni di Naturphilosophie ,
se ci sono stati molti di questi eventi nella storia della scienza . Forse la maggioranza dei
le persone si avvicinano nuove idee kassimilativelyn (per usare un termine di Piaget) , riducendoli a loro
più vicino eguivalent dello stock di concetti già esistenti , in modo tale che un rivoluzionario

proposta può finire per rafforzare un'idea reazionaria .
Si potrebbe anche sostenere che nel mondo di oggi , la funzione principale di grande ,
integrative speculationsephilosophical o pseudoscientifiche h htheories dei universeieis
per aiutare gli adolescenti acquisire una padronanza intellettuale temporaneo della confusione che
sperimentano
sulla improvviso allargamento dei loro horilons , sia emotive e ideative . In un certo senso ,
Freud lo studente di medicina era guite giustificata nel sentire che la sua natura - filosofica
tendenze erano tra le cose infantili che un uomo ha dovuto mettere via . Jones (1953 , p . 29)
scrive che quando ha chiesto una volta Freud quanto la filosofia che aveva letto , la risposta
è venuto : kVery poco. Da giovane ho sentito una forte attrazione verso la speculazione e
spietatamente it.i controllato
Sulla base di questa ed osservazioni e passaggi pertinenti , ho summariled (vedi
tabella) gli aspetti del pensiero di Freud che sembrano riconducibili a Naturphilosophie e alla sua
studi filosofici con Brentano , insieme con le loro controparti , tratte dalla
tradizione della scienza meccanicistica e in particolare dal suo apprendistato di Freud in
fisiologia fisicalistico . In una certa misura sconosciuta , alcune voci a sinistra possono essere derivate
da altre fonti umanistiche , ma questo sembra più plausibile . (Prova che il
vari elementi sono stati associati con le modalità indicate è presentato in Holt , 1963.)
Freud ha parlato di solito slightingly su tutti i metodi e le procedure della formale
discipline , come nel prezzo ExWorks sopra , dove è degno di nota (e caratteristico) che
filosofia eguated e la speculazione . Deduzione , la completezza della copertura di una teoria ,
e la definizione rigorosa sono stati associati nella sua mente con gli aspetti formalistici sterili

Tabella 1 : latente Struttura del metodologiche concezioni di Freud

Derivato in gran parte da derivati in gran parte dalla
La filosofia , in particolare fisiologia fisicalistico :
Naturphilosophie :
Filosofia associato; Fisiologia accademica;
discipline : psicologia filosofica Neuropsicologia ;
metapsicologia
Natura dei completi, teorie complete parziali , ad hoc
theoriling : teorie , con il preciso tentoni impreciso
definizioni di concetti concetti definiti
Procedure procedura deduttivo , induttivo utilizzare procedure
e della matematica ; (nonformalistic) ;
Metodi : la speculazione ; osservazione sintesi; dissezione ;
analisi

filosofia. E tuttavia (forse a causa del ponte - concetto di evoluzione) , Naturphilosophie
e il resto di questo complesso di idee sono stati collegati in mente di Freud con la biologia darwiniana
e alla disciplina simile genetica di archeologia . Queste scienze rispettabili che ,
a differenza di filosofia e matematica , sono stati concretamente empirica , ricostruito il telecomando
passato di uomo con un metodo genetico . Forse il pensiero che stava seguendo il loro metodo
Abilita Freud , infine, di concedersi la sua lunga - desiderio represso per un ampio , speculative
theoriling . Nella sua autobiografia (. Freud , 1925 , p 57) , scrisse: Kin le opere della mia più tardi
anni (Al di là del principio di piacere , Psicologia delle masse e analisi dell'Io , e The
Io e l'Es) , mi hanno dato libero sfogo alla tendenza , che ho tenuto giù per così tanto tempo , da
speculazione i
In un certo senso , naturalmente , è solo una estensione del metodo di ricostruzione genetica per
tornare là l'inizio di una vita individuale e tentare di tracciare lo sviluppo di
socialmente doganale comune nella grande storia della vita di un popolo , come ha fatto Freud in Totem
e

Taboo . Le concezioni di Haeckel (che l'ontogenesi ricapitola la filogenesi) e di Lamarck (che le
caratteristiche acquired possono essere trasmessi geneticamente) erano generalmente conosciute
durante gli anni scientificamente formazione di Freud e goduto di una accettazione di gran lunga più
diffuso da parte del mondo scientifico che hanno fatto durante gli anni successivi di Freud . Questa
accettazione reso difficile per lui a dare in su . Se gli antropologi funzionali erano apparsi una generazione
prima e se l' approccio evolutivo non era stato così populariled da Sir James Fraler , Freud potrebbe
essere stato in grado di capire come pervasiva e inconscio il patterning di una cultura può essere. Questo
intricato interconnessione rende possibile per la cultura da trasmettere tramite i tipi sottili e quasi
impercettibili di apprendimento , un fatto che rende inutile ciò che Freud (1934e3f) ha dichiarato era la
necessità che una psicologia sociale dovrebbe postulare l'eredità delle caratteristiche acquired .

Stile cognitivo di Freud

Passiamo ora all'ultima principale fonte di difficoltà lettore moderno incontra nella comprensione Freud : il suo stile cognitivo . Chiunque abbia letto Freud a tutti può reagire a tale proposizione con stupore , per lo stile di Freud è molto ammirato per la sua chiarezza limpida . Anche nella traduzione , Freud è vivido , personale e affascinante diretto in un modo che lo rende altamente leggibile ; egli utilizza figure fantasiose ed originali del discorso , e spesso conduce il lettore lungo da un tipo di sviluppo graduale , che gli permette di penetrare in aree difficili o delicati con un minimo di sforzo . Chiunque abbia letto molta della sua scrittura può facilmente comprendere il motivo per cui ha ricevuto il Prile Goethe per la letteratura .
Tuttavia, ci sono delle difficoltà stilistiche di capirlo ; ma si riferiscono alla sua cognitivo , non il suo stile letterario . Un paio di decenni fa George Klein (1951 , 1970) ha coniato lo stile cognitivo termine per indicare il patterning di modi di una persona di prendere in , trasformazione
,
e comunicare informazioni sul suo mondo . Freud ha un modo peculiare , non solo di scrittura, ma di pensiero , che lo rende sorprendentemente facile per il lettore moderno fraintendere il suo significato , perdere o distorcere molte sfumature del suo pensiero . per alcune laurea, io stesso possono essere sottilmente distorcere il concetto di Klein , perché operationaliled nel laboratorio , non la libreria . Ha presentato i soggetti con figure nascoste per essere estratti da camuffamento , serie di sguares per essere giudicato per sile , e altre attività insolite, alcune delle sue proprio e alcuni di ideazione altrui . Al contrario, i metodi che ho usato sono più simili a quelle del critico letterario . Ho raccolto appunti su ciò che mi ha colpito come modi caratteristici

che Freud osservato , i dati elaborati , idee ottenuti con mezzi diversi diretto osservazione , pensò su di loro , e mettere il suo timbro personale su di loro. In tal modo, tuttavia , sono stato guidato dalla mia lunga collaborazione con Klein e il suo modo di si avvicina processi cognitivi e dei prodotti ; così Confido che sono stato fedele allo spirito del suo contributo , che ora è così ampiamente usato come essere virtualmente una parte della psicologia proprietà comune .

CARATTERE STYLE
Forse un buon punto di partenza come qualsiasi sia con pozzo di Ernest Jones - biografia conosciuto. Gran parte del poco che ha da dire su questo argomento può essere organiled in forma di antitesi o paradossi . Prima di tutto , c'è stato un ottimo affare su Freud che era compulsivamente ordinata e duro - lavoro . Ha condotto una stalla , vita regolare in cui il suo lavoro è una necessità di base . Come scrisse a Pfister : kI non poteva contemplare con ogni sorta di comodità una vita senza lavoro . Immaginazione creativa e il lavoro vanno insieme con me ; Non prendo piacere nel nulla else.i Eppure continuò , kThat sarebbe una ricetta per la felicità se non fosse per il terribile pensiero che la propria produttività dipende interamente moodsi sensibili (Jones , 1955 , pag . 396f .) . Come Jones tira fuori , lui ha effettivamente funzionava a scatti , non guite in modo costante e regolare come , ad esempio , Virgilio , ma quando l'umore era su di lui .
Ancora una volta , Jones osserva una stretta attenzione di kFreud per i dettagli verbale , la pazienza sorprendente con la quale avrebbe svelare il significato di frasi e utterancesi (ibid. , p . 39f) . D'altra parte :
I suoi traduttori porteranno me quando faccio notare che oscurità minori e ambiguità , di un genere che circospezione più scrupoloso avrebbe potuto facilmente evitare , non sono l' almeno delle loro prove . Egli era ovviamente consapevole di questo . Ricordo che una volta chiedendogli perché

usato una certa frase , il cui significato non era chiaro , e con una smorfia rispose : (. 1953 , pag 33 septies .) kPure Schlamperein (sciatteria) .

Era lui non è un traduttore meticoloso , anche se uno di grande talento . kInstead di trascrivere faticosamente dalla lingua straniera , idiomi e tutto , leggeva un passaggio, chiudere il libro , e considerare come uno scrittore tedesco avrebbe vestito gli stessi pensieri r Il suo lavoro traduzione era sia brillante e Rapidi (Jones , 1953 , p . 55) . Allo stesso modo , Jones sottolinea il kguickness di Freud di pensiero e observationi in generale , e il fatto che tipo KHIS di mente era tale da penetrare attraverso il materiale di qualcosa di veramente essenziale al di là piuttosto che perder tempo o giocare con iti (1955 , p . 399) . In breve, era intuitiva , piuttosto che ploddingly sistematico.

Questo particolare paradosso può essere risolto , credo, dal riconoscimento che Freud era , in fondo , un ossessivo - compulsivo di personalità, in cui questo tipo di ambivalenza è familiare . Aveva una buona misura dei tratti anali fondamentali di ordine e attenzione compulsiva per i dettagli; ma quando si trattava di suo modo di lavorare con dettagli come la minima giro di parole nel racconto di un sogno (che solo un compulsivo avrebbe notato in primo luogo) , ha mostrato un dono per intuizione. Dopo tutto, come Jones non si stanca mai di ricordarci , era un genio , un uomo di straordinaria intelligenza .

NATURA DEL INTELLECT Freud

Che tipo di intelligenza era , thens Se adottiamo il quadro di riferimento del
Test di intelligenza Wechsler , era prima di tutto prevalentemente un verbale piuttosto che un prestazioni sorta di capacità . Ho visto alcuna prova che Freud è stato appositamente dotato il suo mani . Ha fallito come sperimentatore chimica (Jones , 1953 , p . 54) , e anche se era un buon

microscopista e inventato una nuova macchia tessuto durante i suoi anni di apprendistato scientifico in laboratorio fisiologico di Brocke , non vi è alcuna prova che egli era abile al
meccanica fine di esso . Non è mai stato quello che noi chiamiamo kan apparecchi uomo , ho un ingegnoso
tinkerer.4 Per inciso , la solita implicazione di un verbale nettamente superiore rispetto alle prestazioni 10 sarebbe confermata nel caso di Freud : è stato sicuramente mai dato alla recitazione , ma era sempre un intellectualiler e internaliler . Inoltre , kThat c'era un pronunciato
lato passivo alla natura di Freud è una conclusione per la quale vi è ampia evidence.i Jones
(. 1953 , pag 53) note ; Khe osservò una volta che ci sono tre cose da cui si sentiva unegual : governare , curare , e educating.i Ha dato l'ipnosi come ka grossolanamente interferire Methodi e presto abiurò l'imposizione delle mani , nonostante il fatto che ha trattato molti dei le signore in Studi sull'isteria di massaggio fisico . Seduta quietly e ascoltare gratis
associazioni , rispondendo solo verbalmente (in gran parte dalle interpretazioni) , è il metodo par eccellenza di un uomo con doni verbali e una riluttanza a manipolare.

Nel regno di intelligenza verbale , possiamo fare alcune dichiarazioni più specifiche come bene . Khe ha avuto un enorme vocabolario ricco , i Jones (1955 , p . 402) attesta , kbut era il inversione di un pedante in parole. " sapeva otto lingue , avere abbastanza padronanza della lingua inglese
e Francese a scrivere articoli scientifici in quelle lingue . C'è una discreta quantità di prove tra le righe degli scritti di Freud che la modalità del suo pensiero era in gran parte verbale, come

4 nCome un giovane medico ho lavorato per lungo tempo presso l'Istituto Chimico senza mai diventare esperti nelle abilità che che le richieste della scienza ; e per questo motivo nella mia vita di veglia mi è mai piaciuto pensare di questo episodio sterile e anzi umiliante nel mio apprendistato . D'altra parte ho un sogno ricorrente regolarmente di lavorare in laboratorio, di effettuare analisi e di avere diverse esperienze lì . Questi sogni sono sgradevole nello stesso modo come sogno esame e non sono mai molto distinti .

Mentre stavo interpretando uno di loro , la mia attenzione è stata infine attratta dalla parola ' analisi ' . che mi ha dato una chiave per la loro comprensione . Da quei giorni sono diventato un hanalyst ' , e ora effettuare analisi che sono molto altamente parlano di ... n (1900 , p . 475)

al contrario di senza immagini , visivo, uditivo , cinestetico o . Egli dà la prova che egli era stato un Eidetiker virtuale fino a buona parte la sua scuola , però :
... Per un breve periodo della mia giovinezza alcuni talenti insoliti di memoria non erano di là di me . Quando ero un ragazzino ho presa come una questione di corso che ho potuto ripetere dal cuore pagina che stava leggendo ; e poco prima di entrare all'Università ho potuto annotare lezioni quasi testualmente popolari su argomenti scientifici subito dopo il loro udito .
(1901 , p . 135)
Il suo immaginario uditivo potrebbe essere straordinariamente vivido , troppo , almeno fino a pochi anni più tardi ,
quando studiava con Charcot a Parigi . In questi giorni , riferisce , kI guite spesso sentito il mio nome improvvisamente chiamato da una voce inconfondibile e amato , " che va in per riferirsi a battere ciglio come khallucination " (1901 , p . 261) . Eppure egli scrive di questi esperienze in modo tale da indicare che , come molti altri imager eidetica , a poco a poco perso la capacità che era cresciuto . È vero , i suoi sogni sono rimasti vividamente visivo , e lui di tanto in tanto è stato in grado di ottenere un'immagine visiva nitida nella vita di veglia , ma lui emphasiled che
tali occasioni erano eccezionali . D'altro canto , non ho mai trovato alcuna indicazione che Freud era anche consapevole del fatto che il pensiero di un fenomeno come esiste senza immagini ; anche se
investigatori da Galton a Anne Roe hanno scoperto che characteriles molti leader figure in discipline come matematica e physicsedisciplines teoriche che Jones specificamente dice (1953 , p . 33) Freud non avrebbe mai potuto eccelso dentro
Forse vi è un accenno qui che la mente di Freud non era di primissimo piano per quanto riguarda il pensiero come altamente astratto è interessato . Sicuramente non era molto di un matematico . Una volta si è characteriled come segue :
Ho molto ristretto capacità o talenti. Nessuno a tutti per le scienze naturali ; niente per la matematica ; nulla per nulla guantitative . Ma quello che ho, di un ristretto

natura , era probabilmente molto intenso . (tuoted in Jones , 1955, p . 397)
Come vedremo un po 'più tardi , questa relativa debolezza del fattore guantitative avuto una serie di effetti evidenti sulla maniera di Freud di pensare .
Per summarile finora , in termini di capacità, Freud aveva un'intelligenza prevalentemente verbale e modo di pensare . Era straordinariamente dotato a memoria, concentrazione , passivo (o, come diceva lui , kevenly - suspendedi) attenzione , e il concetto creativo - la formazione . Il suo dono era più analitico che sintetico , proprio come la sua preferenza per il primo sul secondo aspetto del pensiero . Non aveva doni notevoli lungo sensomotoria , linee di manipolazione , o guantitative , né nei tipi più astratti di pensiero. Soprattutto, non può essere superfluo aggiungere , era produttiva , originale e creativo .

AUTO - DUBBI CRITICHE CONTRO AUTO - DETERMINAZIONE SICURA
Nel passare ad alcuni aspetti più stilistici del suo pensiero , io continuerò a perseguire antitesi . Uno di questi è il lato cognitivo di un tema di primo piano nella personalità di Freud : un auto - critica , anche andare in pensione e di auto - dubitare modestia contro un gran segreto e negato

sete di fama accoppiato con grande fiducia - fiducia . Un certo numero di guotations sia dal Freud e da Jones hanno toccato sulla sua auto - lato critico , e le prove per la sua profonda - desiderio seduto a vedere il suo nome scolpito su una roccia per i secoli è onnipresente in Jones di tre volumi , anche se il discepolo ha superato il maestro in protesta che non era così . Entrambi questi sfaccettature della mente di Freud escono in relazione alle idee che stabiliti in Al di là del piacere Principio . Ha scritto :

Quello che segue è la speculazione , spesso molto - la speculazione inverosimile , che il lettore prenderà in considerazione o respingere secondo la sua predilezione individuale. (1920 , p . 24)

e :

Ci si può chiedere se e in che misura sono io stesso convinto della verità delle ipotesi che sono stati esposti in queste pagine . La mia risposta sarebbe che non mi convince me e che io non cerco di convincere altre persone a credere in loro . O, più precisamente , che non so fino a che punto io credo in loro .... Dal momento che abbiamo tali buoni motivi per essere diffidente , il nostro atteggiamento verso i risultati delle nostre deliberazioni non può anche essere diversa da una benevolenza fresco . (1920 , p . 59)

Stava parlando , naturalmente , delle sue speculazioni più controversi , quelli riguardanti la pulsione di morte . Eppure solo pochi anni dopo , ha scritto questo :

Per cominciare è stato solo provvisoriamente che ho messo in avanti il punto di vista che ho sviluppato qui , ma nel corso del tempo hanno acquisito un tale potere su di me che non posso più pensare in altro modo . A mio parere , sono molto più funzionale dal punto di vista teorico che eventuali altre possibili ; prevedono che la semplificazione , senza né ignorando o facendo violenza ai fatti , per i quali ci sforziamo di lavoro scientifico . (1930 , p . 119)

In breve, egli aveva la tendenza a diventare così kaccustomed alla facei delle proprie idee a considerarli indispensabili e , infine , come stabilito , anche se essi sono stati inizialmente presentati con grande modestia . Anzi , ha guardato indietro sulle speculazioni traballanti del Al di là del principio di piacere come base per sostenere la sua ipotesi fondamentale che ci doveva essere due classi di pulsioni istintuali :

Più e più volte ci troviamo, quando siamo in grado di rintracciare gli impulsi istintuali indietro , che si rivelano come derivati di Eros . Se non fosse per le considerazioni svolte in Al di là del principio di piacere , e, infine, per i componenti sadiche che si sono collegati a Eros , dovremmo avere difficoltà a tenere al nostro punto dualistica di vista fondamentale perno teoria degli istinti) . (1923 , p . 46)

Qui abbiamo il primo accenno di uno dei problemi fondamentali con cui Freud ha lottato ,

e che ha contribuito a plasmare la natura del suo pensiero . Lavorare come ha fatto in un nuovo campo , senza criteri convenzionali per stabilire conoscenza valida , doveva essere sostenuta contro l'auto inevitabile - i dubbi , anche la disperazione che quello che stava facendo potrebbe portare ovunque, da una fiducia irrazionale in se stesso , una fede che le sue intuizioni e ipotesi sarebbero vendicati , e anche un certo grado di auto - inganno che aveva stabilito punti più saldamente di quanto in realtà era stato capace di fare.

La sua determinazione a persistere nel volto del suo riconoscimento che il progresso è stato difficile è ben espresso nel seguente prezzo ExWorks :

E 'quasi umiliante che , dopo aver lavorato così a lungo , dobbiamo ancora avere difficoltà a capire i fatti fondamentali . Ma abbiamo fatto le nostre menti per semplificare e nulla da nascondere nulla . Se non siamo in grado di vedere le cose chiaramente saremo almeno a vedere chiaramente quali sono le oscurità . (1926a , p . 124)

Uno degli aspetti positivi della capacità di Freud di essere auto - critica era la sua volontà di cambiare le sue idee :

Dobbiamo essere pazienti e attendere metodi fresche e occasioni di ricerca. Dobbiamo essere pronti , troppo , di abbandonare un percorso che abbiamo seguito per un certo tempo , se sembra essere in testa alla fine nulla di buono . Solo i credenti , che esigono che la scienza deve essere un sostituto per il catechismo che hanno rinunciato , sarà colpa un investigatore per lo sviluppo o addirittura trasformando le sue opinioni . (1920 , p . 64)

Se non era sempre in grado di vivere fino a questo programma coraggioso , se non è riuscito a recognile che

molti dei suoi presupposti unguestioned non erano così assiomaticamente vero come pensava , questi sono le CONSEGUENZE necessari dell'essere umano . Freud era certamente sostenuto nella sua lunga ospite da un appassionato interesse per penetrare i misteri della natura e la capacità di prendersi cura profondamente le sue idee . Tanto più naturale , quindi , che avrebbe dovuto teso a volte

a perdere distacco scientifico e confondere i suoi concetti con la realtà . Così , si fa riferimento al kthe hsuper - ego , ' una delle scoperte successive di psychoanalysisi (1900 , p 55f n 1 . .) , O per kthe scoperta che l'ego si è investito con libidoi (1930 , p 11f . ; il corsivo in entrambi guotations) . Quando ho parlato di sopra delle sue ipotesi unguestioned , avevo principalmente in mente il modello riflesso passivo dell'organismo , che oggi è dimostrabilmente falsa (Holt , 1965) . Ma per Freud sembrava così auto - evidentemente vero che si riferiva ad esso come un fatto su cui poteva trovare uno dei suoi costrutti più guestionable :

La tendenza dominante della vita mentale , e forse della vita nervoso in generale , è lo sforzo di ridurre , per mantenere costante o per eliminare tensioni interne a causa di stimoli . . . tendenza ea che trova espressione nel principio del piacere ; e il nostro riconoscimento di questo fatto è uno dei nostri più forti ragioni per credere nell'esistenza di pulsioni di morte . (1920 , p 55F , . . Enfasi aggiunta)

Un altro aspetto di questa stessa antitesi era la convinzione di Freud che l'essenza di ciò che stava tramontando avanti era la verità , che sarebbe pienamente apprezzato solo dalle generazioni future , contro la sua aspettativa che molto di ciò che ha insegnato sarebbe guickly rovesciati , come nel seguente 1909 lettera a Jung in risposta espresso il timore di quest'ultimo che gli scritti di Freud sarebbero trattati come vangelo :

La tua supposizione che dopo la mia partenza i miei errori potrebbero essere adorato come reliquie sacre mi divertiva enormemente , ma io non ci credo . Al contrario , penso che i miei seguaci affrettarsi a demolire il più rapidamente possibile, tutto ciò che non è sano e salvo in quello che mi lascio alle spalle . (tuoted in Jones , 1955, p . 446)

Freud ha qui la forza della sua fede che vi erano nuclei di verità eterna così come pula nella raccolta delle sue fatiche .

ANALISI VERSUS SINTESI

Un'altra antitesi familiare nel regno del pensiero è l'analisi rispetto sintesi. Qui , la preferenza del inventore e Namer della psicoanalisi era chiaro e marcato. Nel 1915 scrisse a Lou Andreas - Salomé :

Ho così raramente sento il bisogno di sintesi . L'unità di questo mondo mi sembra qualcosa di sé - intesa , qualcosa di indegno di enfasi . Quello che mi interessa è la separazione e rottura nelle sue parti componenti che altrimenti confluire in una poltiglia primordiale . . . . Insomma , sono evidentemente un analista e credo che la sintesi non offre ostacoli una volta l'analisi è stato raggiunto . (1960 , p . 310)

Eppure, nonostante il fatto che il concetto di funzione sintetica dell'Io è associata meno con Freud che con Nunberg , carta di quest'ultima con questo nome (Nunberg , 1931) è in gran parte semplicemente un disegno insieme di punti Freud fece di passaggio in molti contesti . Freud poteva eseguire notevoli gesta di synthesiling molti factsesee scollegato per esempio la sua revisione magistrale della letteratura scientifica sui sogni (1900 , Cap. 1 .) Ee ci ha insegnato molto di funzionamento sintetica; tuttavia , la sua abilità e la sua predilezione correvano prevalentemente lungo le linee di analisi .

DUALISMO DIALETTICA
Una ragione ho adottato il metodo antitetico in questa esposizione è che un
preferenza per i concetti binari opposti era di per sé estremamente caratteristici del pensiero di Freud.
Anche nel campo dell'arte , da lui fortemente preferiva il saldo del antiguity classica; una lettera a
Romain Rolland nel 1930 parla della sua kHellenic amore sproporzionato " (1960 , p . 392) . e in
la sua teoria , è sicuramente un suggestivo e ben - fatto noto che i suoi concetti principali sono disponibili in
abbinato coppie opposte . Forse il più notevole è la sua teoria motivazionale nelle sue diverse

forme . Abbastanza presto, ha snocciolato desiderio inconscio contro investimento preconscio , poi il
libidica contro l'ego - istinti , andando a narcisistica rispetto all'oggetto - la libido , per Eros
contro gli istinti di morte (o l'amore contro l'odio) ; ma era sempre una teoria dual drive . o
ricordare kthe tre grandi polarità che dominano Lifei mentale : activityepassivity , egoe
mondo esterno , e pleasureeunpleasure (. 1915a , p 140; enfasi di Freud) , a cui
potrebbe essere aggiunto quello di masculineefeminine . Molti altri tali opposizioni vengono in mente :
quantity contro guality , autoplastico contro alloplastica , ego - sintonico rispetto ego - alieno ,
principio di piacere contro il principio di realtà , libero contro investimento legati , e il primario
elaborare rispetto al processo secondario . Non è difficile dimostrare che Freud concepito un
serie continua di processi di pensiero attuali tra gli estremi teorici del
primario e il processo secondario , ma in genere li ha utilizzati in modo dicotomico .
Anche quando ha proposto triadi di concetti (Cs. , pc , e UCS , . . Ego , superego , e id) , aveva
una forte tendenza a ridurre la loro forma binaria . L'opera 1923 è, dopo tutto , il diritto
meramente L'Io e l'Es ; e la distinzione tra sempre conscio e inconscio
colpito Freud come Kour un faro - luce nel buio della profondità - psychologyi (1923 , p .
1 septies) . Termini come ambivalenza e conflitto conceptualile questa caratteristica come fatti
fondamentali della
psicologia. Anzi, si potrebbe sostenere che molti dei concetti dinamici antitetici sono un
diretta conseguenza degli recogniling di Freud come il conflitto importante era sia normale e
sviluppo patologico .

CONTRADDIZIONE tollerata (SINTESI DIFFERITA)
Inoltre, il pensiero di Freud è characteriled da una tolleranza insolito per incoerenza . se
avete andato attraverso le opere di un autore prolifico come Freud , si potrebbe certamente trovare
molte dichiarazioni contraddittorie , e molte proposizioni che sono effettivamente

incompatibile con i suoi assunti di base . Ma non è difficile trovare altre ragioni per la presenza di
incongruenze nel lavoro di Freud , oltre la sua mole , che è enorme : la sua preferenza per quello che
farò esporre theoriling breve tempo seriatim ed empirismo frammentario , entrambi i quali sono
chiaramente da aspettarsi da un uomo con un orientamento di distanza dalla sintesi , e una sciatteria
confessato con i concetti . Come Jones dice ,
Ha scritto in modo semplice, scorrevole , e spontaneamente , e avrebbe trovato molto riscrittura
fastidioso . . . . una delle sue caratteristiche principali pwasq sua antipatia per essere ostacolati o

incatenata . Amava di arrendersi ai suoi pensieri liberamente, per vedere dove lo avrebbero preso , lasciando da parte per il momento qualsiasi question di precisa definizione ; che potrebbe essere lasciato per un ulteriore esame . (1953 , p . 33f .)
È vero , ha fatto riscrivere e rivedere molti dei suoi libri molte volte. Fortunatamente, il Standard Edition fornisce un testo Variorum e scrupolosamente ci informa di ogni cambiamento, edizione dopo edizione . Non è difficile, quindi , per characterile lo stile di Freud di revisione da parte studiando L'interpretazione dei sogni , Psicopatologia della vita quotidiana , e Tre Saggi sulla teoria della sessualità. Questi libri , pubblicato la prima volta 1900-1905 , è andato attraverso otto, dieci e sei edizioni , rispettivamente , tutti contenenti aggiunte da a almeno il più tardi del 1925 . Così , che coprono almeno due grandi periodi nello sviluppo di Pensiero di Freud , compreso un lontano - variazione di raggiungere in modelli . Eppure una dichiarazione copre l'
stragrande maggioranza delle revisioni : ha aggiunto cose . Non c'è mai stata fondamentale riesame e ben poco sintesi. Forse, se Freud non avesse avuto un superbo padronanza della comunicazione scritta, in modo che egli raramente avuto anche per lucidare i suoi primi progetti , ha
avrebbe rielaborato i suoi libri più a fondo come sono andati attraverso nuove edizioni . a la maggior parte, ha aggiunto una nota occasionale sottolineando l'incompatibilità di una dichiarazione con
dottrine successive . Anche il capitolo 7 de L'interpretazione dei sogni , Freud più ambizioso e

importante lavoro teorico , è rimasto praticamente intatto ad eccezione di interpolazioni , dopo le tinkerings del 1915 e del 1917 che tolse la possibilità di regressione topica , anche dopo l' abbandono del tutto il modello topografico nel 1923 e la sua sostituzione con il modello strutturale , che non prevede per la conceptualilation di ogni processo conoscitivo completo . Infatti , alla fine . Capitolo 7 conteneva carry anacronistico - riporti dal modello neurologico del inediti kProject , i cui aveva preceduto di quattro anni . Durante tutte le revisioni , Freud non ha eliminato gli cade in riferimenti a kneurones , i kpathways , i e kguantity.i
Freud costruì teoria , quindi , quanto Franklin D. Roosevelt costruito l' esecutivo ramo del governo : quando qualcosa non funzionava molto bene, ha raramente reorganiled ; ha appena fornito un agencyeor concepteto fare il lavoro . Per tollerare questo molto incoerenza sicuramente ha una capacità insolita per ritardare il momento in cui la gratificazione di un ordinato e coerente , teoria logicamente coerente potrebbe essere raggiunto . Confronta sua auto - characterilation nella seguente lettera a Andreas - Salomé in 1917 ; era stato contrastante se stesso con kthe sistema - buildersi Jung e Adler .
. . . avete osservato come lavoro , passo dopo passo, senza la necessità interiore di esecuzione , costantemente sotto la pressione dei problemi immediatamente a portata di mano e tenendo dolori infiniti non essere deviati dal percorso . (1960 , p . 319)

Sette anni prima , aveva scritto a Jung :
Ho notato che hai lo stesso modo di lavorare come ho : essere alla ricerca in qualsiasi direzione ci si sente attratti e non prendere l' evidente sentiero semplice. Credo che questo sia il miglior modo troppo , dal momento che uno si stupisce più tardi per trovare il modo direttamente tali percorsi tortuosi ha portato alla meta di destra . (tuoted in Jones , 1955 , p . 449)

Per seguire il naso empiricamente , aggiungendo alla teoria qualunque bit e pezzi potrebbero accumulare lungo le wayethis era la procedura con cui Freud si sentiva a casa , con la sua fede che alla fine la verità avrebbe prevalso .

CONCEZIONE DEL METODO SCIENTIFICO E CONCETTI

Questo atteggiamento era di un pezzo con la concezione di base di Freud del lavoro scientifico . scienza era prima di tutto una questione di osservazione empirica , che di solito in contrasto con speculazione al discredito di quest'ultimo . Come Freud concepiva, una speculativa , o filosofica , Sistema iniziato con kclear e nettamente definita concetti di base , i (1915a , p . 117) e costruito su questo ksmooth , foundationi logicamente inattaccabile (. 1914 , p 77) un kcomplete e ready - made struttura teorica , i (1923 , p . 36), che potevo keasily primavera in esistenza completa , e rimane poi unchangeablei (1906 , p . 271) . Ma kno scienza , neanche la più esatta , i funziona in questo modo :

Il vero inizio dell'attività scientifica consiste piuttosto nel descrivere i fenomeni e poi nel procedere al gruppo , classificare e correlare . Anche nella fase di descrizione non è possibile evitare di applicare certe idee astratte al materiale in mano , idee derivate da qualche parte ma non certo dal nuovo solo osservazioni . . Essi devono dapprima necessariamente possedere un certo grado di indefinitezza ; . arriviamo a comprendere il loro significato , facendo riferimenti al materiale di osservazione da cui sembrano essere state derivata, ma su cui , in realtà , sono state inflitte ripetute . . . . E 'solo dopo più un'indagine approfondita del campo di osservazione che siamo in grado di formulare i concetti scientifici di base con maggiore precisione , e progressivamente in modo da modificarli che essi diventino da su una vasta area . Poi , in effetti , può essere giunto il momento di relegarli nelle definizioni . Il progresso della conoscenza , tuttavia, non tollera definizioni rigide . (1915a , p . 117)

Quando si affronta un argomento nuovo, dunque :

Invece di partire da una definizione , sembra più utile iniziare con qualche indicazione

della gamma dei fenomeni in esame , e per scegliere tra di loro alcuni fatti appositamente suggestivi e caratteristici di cui il nostro enguiry può essere attaccato. (1921, p . 72)

Successivamente , ogni inguiry psicoanalitica deve . trovare la sua strada passo dopo passo lungo il cammino verso la comprensione delle complessità della mente di fare dissezione analitica di entrambi i fenomeni normali e anormali . (1923 . Pag 36.) Ma a causa della complessità del suo oggetto , la psicoanalisi non può sperare di successi Guick : La straordinaria complessità di tutti i fattori da prendere in considerazione lascia solo un modo di presentare la loro aperta per noi . Dobbiamo selezionare prima uno e poi un altro punto di vista , e seguirla attraverso il materiale finché l' applicazione sembra produrre risultati . Ogni trattamento separato del soggetto sarà incompleta in sé , e non ci può non essere oscurità dove si tocca materiale che non è stato ancora trattati ; ma possiamo sperare che una sintesi finale porterà ad una corretta comprensione . (1915b , p . 157f .)

La verità , quando raggiunto, sarà più semplice : ... Non abbiamo altro scopo che quello di tradurre in teoria i risultati dell'osservazione , e neghiamo che vi sia alcun obbligo per noi per raggiungere il nostro primo tentativo un bene - teoria arrotondati che lodare se stesso per la sua semplicità . Noi difenderemo le complicazioni della nostra teoria finché troviamo che essi soddisfano i risultati dell'osservazione , e noi non abbandoneremo le nostre aspettative di essere

portato , alla fine, da quegli stessi complicazioni alla scoperta di uno stato di cose che, pur semplice di per sé , possono rappresentare tutte le complicazioni della realtà . (1915c , p . 190)
Freud così dimostrato una capacità di tollerare , oltre a incoerenza e ritardo ,
notevole indeterminatezza concettuale o , nella terminologia di oggi , ambiguità . kit è
vero , mi era pronto ad ammettere , nozioni kthat come quello di un ego - libido , una energia del

Io - istinto , e così via , non sono né particolarmente facile da afferrare , né sufficientemente ricco di content.i Tuttavia , la psicoanalisi sarebbe kgladly si accontenta di nebuloso , poco
concetti di base immaginabile , che spera di comprendere più chiaramente nel corso della sua
sviluppo , o che è ancora disposta a sostituire con othersi (1914 , p . 77) . notare il
obbligo indicato qui, che segue abbastanza chiaramente dalla sua posizione per quanto riguarda la definizione ,
per un inventario concettuale periodica ; se definizioni coerenti e utili mai precipitano
fuori, il concetto dovrebbe essere abbandonato . Come abbiamo visto , però , un tale processo di regolare
recensione sia stata guite incompatibile con lo stile di Freud di lavorare e di pensare , e raramente
concetti scartato quando ha aggiunto nuovi. E 'un po' triste , ma non sorprendente , di trovare
che gli istinti , che nel 1915 (1915a , p . 117f .) erano kat il momento. . . ancora un po '
oscuro , mi sono stati characteriled anni 1f più tardi come entità kmythical , magnifico nella loro
indefinitenessi (1933 , p . 95) .
Alcuni anni fa , ho deciso di provare la mia mano a questo processo di vagliatura , prendendo uno dei
Concetti definiti (il legame di investimento - centrali ma tantalilingly mal di Freud , vedere Holt ,
1962) e in seguito attraverso i suoi scritti per vedere che tipo di definizioni emerse . il
lavoro di ricerca e collazione dei contesti in cui è stata commessa , e educing 14 diversi
significati che ho potuto discerneI hanno trovato altri ancora dal thenuewas grande
abbastanza per farmi realile che se Freud si era impegnata a lavorare le proprie teorie su
continuamente in questo modo , dopo pochi anni non avrebbe avuto il tempo di analyle più
pazienti , tanto meno scrivere qualcosa di nuovo. E ' vero , sono stato in grado di vagliare un significato
fondamentale per
mia soddisfazione , ma resta da vedere se molti psicoanalisti saranno
convinti che essi dovrebbero abbandonare l'altra dolen o giù di lì tipi di utilizzo. Con Freud
libero - e - esempio facile per precedenti , alcuni trovano facile giustificare rimandare il giorno malvagio

quando i termini inizieranno ad avere precisi significati restrittivi .
Finora , ho emphasiled la natura sperimentale consapevolmente provvisoria theoriling di Freud , la sua
abiura deliberata di ogni tentativo di costruire un sistema completo e internamente coerente , a favore di
empirismo frammentario insteadeguite un contrasto con la vista Freud come systematist dogmatica che
avrebbe ruscello nessuna deviazione da una linea kparty rigida " di theoryu Eppure questa concezione
popolare ha le sue radici nella realtà anche . Per prima cosa , Freud sembra aver avuto un altalenante ,
mai insieme esplicito di norme su quali parti della psicoanalisi erano stati dimostrati , che solo lui
potrebbe cambiare impunemente , e quali parti sono modificabili da altri. Fedele al suo principio
agglutinante di revisione , ha accolto le aggiunte fintanto che non richiedono esplicitamente la
riconsiderazione dei concetti e proposizioni che erano venuti a sembrare fondamentale e necessaria . Così
, le idee di Adler circa inferiorità d'organo e la volontà di potenza erano accettabili fino a quando il
discepolo iniziato insistendo che si sono scontrati con la teoria della libido e ha chiesto drastica revisione
di quest'ultimo .

STILE DI teorizzando

Tuite a parte la relazione di Freud ai contributi di altri (una materia che è
ovviamente molto più complicata rispetto alla breve discussione di cui sopra potrebbe sembrare
implicare) , ci sono basi per la concezione di Freud come un dogmatico dottrinario in alcuni
peculiarità stilistiche della propria theoriling . Lasciatemi summarile e poi si espandono, con
esempi . Freud era appassionato di affermare cose kas si trattasse , dogmaticallyein più conciso
forma e nella termsi più uneguivocal (1940 , p 144 .) ; infatti , iperbole era uno dei suoi
preferite dispositivi retorici . Quando pensava di aver intravisto una legge di natura , ha dichiarato che
con spazzamento universalismo e generalità . Egli era anche appassionato di estendere concetti di

il limite della loro applicabilità , come se si estende il regno dei fenomeni collegate da
un concetto era un modo per renderlo più astratto e utile . Il suo dispositivo per sfuggire alla
pericoli di eccessiva semplificazione a cui questo modello gli esposti era di seguire un piano
dichiarazione con un'altra che gualified dal contraddizione parziale. Pertanto , l'
incoerenza in molte delle proposizioni di Freud è solo apparente . Era perfettamente
consapevoli che una dichiarazione sciolse l'altro, e utilizzato tali seguences come un modo di lasciare un
concezione riccamente complicato crescere nella mente del lettore come le considerazioni erano
quello introdotto alla volta .

Ecco , allora , è uno dei motivi per cui Freud è allo stesso tempo così deliziosamente facile da leggere , e
così facile
fraintendere , soprattutto quando le dichiarazioni vengono estrapolate dal contesto . La sua visione della
comportamento umano era insolitamente sottile , complessa , e molti - a strati ; se avesse cercato di
impostarlo
avanti nelle frasi di complessità parallelo e struttura gerarchica , avrebbe fatto
Dr. Johnson sembra Hemingway . Invece , scrive semplicemente , direttamente , con forza ; lui
dramatiles di grande esagerazione , che definisce in nero duro delinea quello che considera
la verità di base su una materia come orientamento iniziale del lettore . Poi si riempie di ombre ;
o , da un altro ictus coraggiosamente semplice , dimostra improvvisamente che le forme sono disposte su
diversi
piani . A poco a poco , a tre - realtà dimensionale prende forma davanti agli occhi di colui che
sa come leggere Freud .

Ecco un esempio di un'istruzione piano iniziale, seguito da gualifications :
Il modo in cui i sogni trattano la categoria dei contrari e contraddittori è molto notevole. E '
semplicemente ignorata. 'No' sembra non esistere per quanto i sogni sono interessati. (1900 , p . 31f)

Ho affermato in precedenza che i sogni non hanno mezzi per esprimere la relazione di un

contraddizione , un contrasto o un 'no '. Procederò ora a dare una prima negazione di questa
affermazione . vII idea del hjust il contrario ' è plasticamente rappresentato come qualcosa si voltò dal
suo orientamento abituale .) (p. 326)
... Il hhnot poter fare somethingn in questo sogno era un modo di esprimere una hno'e contradictionea ;
in modo che la mia precedente dichiarazione che i sogni non possono esprimere un nnon reguires
correzione , (p. 337)

(Un terzo ndenialn appare a pag . 434 .)

Forse ancor più familiare generalilation radicale è il seguente :

Psycho --- analisi è giustamente sospettoso . Una delle sue regole è che tutto ciò che interrompe il progresso del lavoro analitico è una resistenza . (1900 , p . 517)
Meno spesso guoted è nota di Freud , in cui fa presente statementeso esasperante per molti un analylanduemore appetibile ; è
. aprire facilmente a malintesi . Naturalmente è solo da prendere come regola tecnica , come un avvertimento agli analisti . Non si può contestare che nel corso di un'analisi vari gli eventi possono verificarsi la responsabilità che non può essere posato sul paziente intenzioni . Il padre può morire senza il suo averlo ucciso ; o una guerra potrebbe rompersi quali porta l'analisi al termine . Ma dietro la sua esagerazione evidente l' proposizione sta affermando qualcosa sia vero e nuovo . Anche se l' evento interruttivo è uno reale e indipendente dal paziente , dipende spesso da lui quale grande interruzioni le provoca ; e la resistenza si rivela inequivocabilmente nella prontezza con che accetta un evento di questo tipo o l' esagerato uso che egli fa di esso . (enfasi aggiunta)
Troppo spesso (e purtroppo difficile da illustrare con prezzo ExWorks) , l' addolcimento istruzione che segue l' overgeneralilation iniziale non è esplicitamente sottolineato, non possono seguire molto presto , o non è ovviamente correlato . Per Freud , però , questa è stata una consapevole strategia del progresso scientifico ; le trasformazioni di parere scientifico sono sviluppi ,

non rivoluzioni . Una legge che si è tenuto in un primo momento ad essere universalmente valido dimostra di essere un caso particolare di una uniformità più completa , o è limitato da un'altra legge , non scoperto fino a tardi ; un'approssimazione alla verità è sostituito da un più accuratamente adattato uno, che a sua volta pone in attesa di perfezionare (cfr. 1927, p . 55) .
Molti esempi di dichiarazioni formulate con l'arresto esagerazione possono essere facilmente cit .
Sulla base della nostra analisi dell'Io non si può dubitare che nei casi di mania l'Io e l' ideale dell'Io si sono fusi insieme . (1921 , p . 132)

. . . isteria . . . è interessato solo con la sessualità repressa del paziente . (1906 , p . 27f)
. nessuno può dubitare che l'ipnotizzatore ha preso il posto dell'ideale dell'Io . (1921 , p . 114)
E ' certo che gran parte dell'Io è di per sé inconscio , e in particolare quello che potremmo definire come il suo nucleo ; solo una piccola parte di esso è coperto dal termine kpreconscious.i (1920 , p . 19)

Strachey aggiunge la seguente nota piuttosto divertente al passaggio di cui sopra :
Nella sua forma attuale risale questa frase dal 1921 . Nella prima edizione (1920) ha funzionato : kit può essere che gran parte dell'Io è di per sé privo di sensi ; solo una parte di esso , probabilmente , è coperto dal termine hpreconscious ' . i

In questo caso , ci sono voluti solo un anno per una probabilità cauto per diventare una certezza .
In altri casi , iperbole assume la forma di affermazione di una unità di fondo in cui si osserva solo una correlazione :
Tutti questi tre tipi di ptopographical regressione temporale , e formalq sono, tuttavia , uno a fondo e verificare insieme come una regola; per ciò che è più vecchio nel tempo è più primitiva nella forma e nella topografia psichica si trova più vicino alla fine percettiva . (1900 , p . 54F)

Troppo spesso , la formulazione spazzare prende la forma di una dichiarazione che qualcosa come il complesso di Edipo è universale . Credo che Freud era meno interessato a fare un generalilation empirica dei suoi dati limitati rispetto a tentoni in questo modo per una legge fondamentale della natura . Come Jones summariles la lettera del 15 ottobre 1f97 , a Fliess ,

Aveva scoperto in sé la passione per la madre e la gelosia di suo padre ; era sicuro che questa era una caratteristica umana generale e che da essa si poteva capire l'effetto potente della leggenda di Edipo . (Jones , 1953 , p . 326)

Ancora una volta , quattro anni più tardi , egli generaliled universalmente dal suo caso :
Ci corre quindi attraverso i miei pensieri una corrente continua di ' riferimento personale , ' di che generalmente ho la minima idea , ma che si tradisce da tali istanze della mia dimenticando nomi. E ' come se fossi costretto a confrontare tutto ciò che ho sentito parlare di altri persone con me ; come se i miei complessi personali, sono stati messi in allerta ogni qualvolta un'altra persona è portata a mio avviso . Questo non può assolutamente essere un individuo peculiarità della mia, ma piuttosto deve contenere l'indicazione del modo in cui capire ksomething diverso da noi stessi " in generale. Non ho ragioni per supporre che altre persone sono in questo senso molto simile a me . (1901 , p . 24)
Per lo psicologo contemporaneo , addestrati ad essere cauti nel generaliling da piccole campioni , sembra audace al punto di temerarietà di saltare da auto - osservazione di un legge generale . Ma Freud è stato incoraggiato dal fatto stesso che aveva a che fare con la fondamentale questioni:
Mi sento un avversione fondamentale verso il tuo suggerimento che le mie conclusioni pabout l' eziologia sessuale dei neurosisq sono corrette , ma solo per determinati casi . . . Che non è molto bene possibile. Tutto o niente . Essi si occupano di tali questioni fondamentali che non potevano essere validi per un set di soli casi. . . . C'è solo la nostra specie , oppure nulla si sa . Un appassionato si deve essere dello stesso parere . Così ora ho confessato tutto il mio fanaticismu (Lettera a Jung , 19 aprile 1909 , . Jones , 1955 , p 439)

Ricordate , inoltre , il fatto che gli sforzi scientifici iniziali di Freud precedeva notevolmente l'invenzione della statistica , teoria del campionamento , o disegno sperimentale . Nei suoi primi giorni , quando era più sicuro nel suo ruolo di scienziato, Freud stava studiando neuroanatomia al microscopio , e come i suoi maestri e colleghi rispettati , generaliling liberamente e automaticamente dai campioni di oneu
Anche allora , ricordare che Freud fu il promulgatore del principio inderogabile determinismo in psicologia : tutti gli aspetti del comportamento erano legittimi , credeva , che ha reso facile per lui confondere (a) l'applicabilità universale di leggi e concetti astratti con (b) il verificarsi universale di sequences comportamentali empiricamente osservabili .
Infine , siamo così abituati a considerare Freud teorico kpersonality " che ci dimentichiamo quanto poco interessato era in differenze individuali nei confronti di principi generali . Una volta ha scritto ad Abramo : kPersonality " . . . è un'espressione piuttosto indefinito preso dalla psicologia di superficie , e non contribuisce molto alla nostra comprensione dei processi reali , vale a dire metapsicologicamente . (tuoted in Jones , 1955 , p . 43F)
Nonostante il fatto che ha scritto grandi case histories , li ha utilizzati per illustrare le sue formulazioni astratte , e non ha avuto la convinzione circa il valore scientifico o interesse del singolo caso se non come una possibile fonte di nuove idee .
L'inclinazione di generalile sweepingly può essere visto anche in tendenza di Freud allungare i limiti dei suoi concetti. La migliore - noto per non dire esempio più noto , è quello della sessualità . Nei suoi primi lavori , l'eziologia ksexual della nevrosi " significato letterale seduzione , coinvolgendo sempre la stimolazione dei genitali . Piuttosto guickly , in tre

Saggi , il concetto è stato ampliato , primo ad includere tutte le unità kpartial , i basano sul orale , anale , fallica e - Lones erogene uretrali , più l'occhio (per voyeurismo e esibizionismo) . Ma, come ha trovato i casi in cui le altre parti del corpo sembravano servire la funzione degli organi sessuali , Freud ha esteso il concetto di erogena solitario per includere la proposizione che

tutte le parti della pelle , oltre a tutti gli organi interni sensibili , potrebbe dar luogo ad eccitazione
sessuale . Inoltre, processi affettivi Kall relativamente intensi , tra cui anche quelli terrificanti , trench su
sexualityi (1905b , p 203 .) ; e infine :
Può darsi che nulla di notevole importanza può verificarsi nell'organismo
senza contribuire qualche componente per l'eccitazione dell'istinto sessuale , (p. 205)
Un processo simile sembra essere andato stradale di offuscamento di Freud delle distinzioni tra i
vari istinti dell'Io , e che tra gli istinti dell'Io e libido narcisistica , che era
deliberato dal suo finalmente mettendo insieme tutto nel concetto di Eros , l'istinto di vita .

METODO DI LAVORO

Avendo finora esaminato alcune delle caratteristiche generali del pensiero di Freud e il suo stile di
theoriling scientifica , dobbiamo ora chiederci come ha lavorato con i suoi dati . Finora abbiamo visto solo
che ha sottolineato l'osservazione come strumento principale di empirismo scientifico . Il suo più
importante paziente , ricordiamolo , era se stesso . Nella sua auto - analisi (in particolare durante
alla fine degli anni 1f90 del) , ha fatto le sue scoperte fondamentali: il significato dei sogni , l' Edipo
complesso , sessualità infantile , e così via. Questo fatto dovrebbe ricordarci del suo dono per l'auto -
osservazione . E ' stato ovviamente l'età di introspezione addestrato come un metodo scientifico della
psicologi accademici ; ma che era qualcosa di nuovo . Auto --- osservazione di Freud era di
quel genere che chiamiamo psicologicamente - mente ; non era un fenomenologo , curioso del

givens prime di esperienza o interessati analyling i dati della coscienza nella loro immediatezza
kpresentational " (Whitehead) . Anche quando guarda dentro , ha cercato di penetrare la superficie di
ciò che ha trovato lì , a cercare le cause in termini di desideri, affetti, speranze , fantasie e i residui di
infanzia esperienze emotive . Si consideri quanto poco si è mai sentito parlare di tali questioni da Wundt
o Titchener , e diventa evidente che lo stile cognitivo di Freud ha avuto un ruolo nel suo uso unigue di
uno strumento comune .
Osservazione , quando applicato ad altri suoi pazienti , significava anzitutto l'uso del libero
associazione . Il paziente è stato incoraggiato a riferire tutto di se stesso senza
censura , in modo che l'analista possa osservare direttamente la lotta per conformarsi alla presente
apparentemente semplice reguest , e osservare indirettamente la più ampia gamma di vita importante
esperienze come riportato . Ma questi fatti terapeuticamente significativi, e l'ancor più
importanti manifestazioni del transfert che si è sviluppato nel interpersonale reale
situazione di trattamento, sono stati in genere sepolto in un pagliaio di dettagli insignificanti . Freud
pertanto dovuto svilupparsi in uno strumento altamente selettivo che allo stesso
il tempo è stato più possibile l'assenza di errori . La soluzione ha adottato , quello di un kevenly -
attenzione sospesa " (1912a , p . 111) , abbinato nella sua apparente unselectiveness l'atteggiamento
sollecitato sul paziente liberamente associare ; in entrambi, la teoria afferma che il processo di
sospensione standard convenzionali di giudizio consapevole avrebbe lasciato forze inconsce
orientare la produzione e la ricezione dei dati . Solo un uomo con una fiducia di base nella
profondità del proprio essere sarebbe stato disposto a lasciare la sua intelligenza cosciente parzialmente
abdicare in questo modo .

L'attività principale dell'analista , Freud ha indicato , offriva interpretazioni del

le produzioni del paziente . In un certo senso , essi costituiscono un primo livello di conceptualilation (
cioè , una prima elaborazione dei dati) così come un intervento che è stato calcolato per produrre
ulteriormente e materiale alterato dal paziente . Nella successiva elaborazione dei dati accumulati su un
caso , e in effetti di altri tipi di dati , interpretazione gioca un ruolo cruciale ; per certi versi , è ciò che dà
la psicoanalisi il suo carattere unigue come una modalità di inguiry nel comportamento umano . Se Freud

ha offerto l'interpretazione al paziente o semplicemente utilizzato nella sua formulazione delle caratteristiche essenziali della causa , spesso preso la forma genetica di una ricostruzione storica della seguences di eventi critici nel passato del paziente . Qui vediamo una caratteristica del pensiero di Freud : l'uso di causalità storica (anziché astorica) . Dal Kurt Lewin , la moda in psicologia è stato nettamente a favore della causalità astorica , anche se la forma storica è stata recentemente vigorosamente sostenuto in modo altamente sofisticato (Culbertson , 1963) .

Come Freud usò interpretazione in senso stretto , era essenzialmente un processo di traduzione , in cui i significati nel comportamento e le parole del paziente sono stati sostituiti da un piccola serie di altri significati in base alla più o meno specificabili regole (Holt , 1961) . ma queste regole erano sciolti e peculiare , perché incorporati presupposto che il paziente comunicazioni erano stati sottoposti ad una serie di (soprattutto difensive) distorsioni secondo il processo primario irrazionale . Il lavoro dell'analista , dunque , è stato quello di invertire le distorsioni nella decodificazione produzioni del paziente , al fine di discernere la natura del suo inconscio conflitti e le sue modalità di lotta con loro . E 'quindi un metodo di scoperta . con l' piccola eccezione di un numero di simboli ricorrenti , le norme per la decodifica possono essere ha dichiarato in soli termini generali , e molto è lasciato uso creativo dell'analista della propria processo primario .

L'interpretazione è quindi ovviamente difficile da usare e facile da abusi , come Freud conosceva bene . Una delle sue critiche preferiti di ex seguaci dissidenti era che le loro interpretazioni erano arbitraria o inverosimile .

Che cosa, allora , erano i suoi criteri per distinguere profonde e penetranti da solo tese e remoto interpretationss Le discussioni più dettagliati che ho trovato di questa data guestion risalgono alla metà 1f90 , quando Freud stava difendendo la sua teoria che nevrosi è stato causato dal trauma rimosso della seduzione effettivo sessuale nell'infanzia . diede una serie di criteri , come il tipo e la quantità di affetto e resistenza indicata , con la quale egli stesso accertato che le interpretazioni (o costruzioni storiche), che ha offerto il suo pazienti lungo queste linee erano valide , e per credere i rapporti da alcuni di loro che inizialmente lo ha stimolato a saggio di questo approccio. Eppure, come sappiamo , nessuno di quelli presunta salvaguardie era sufficiente ; Freud ha infine deciso di respingere il krecollectionsi come fantasie . a questo giorno , fornendo i criteri per la valutazione interpretazioni rimane uno dei principali problemi metodologici irrisolti in tutte le scuole di psicoanalisi .

METODO DI PUNTI Proving (VERIFICA)
Una volta aveva fatto le sue interpretazioni e spiegazioni genetiche dei suoi vari tipi di dati per la propria soddisfazione , Freud aveva formato i suoi principali ipotesi . Ora si mise su di loro dimostrando . Esaminiamo i modi ha tentato di stabilire i suoi punti marshalling sua testimonianza e le sue argomentazioni .
Sorprendentemente , spesso usato quello che è essenzialmente un ragionamento statistico per fare i suoi punti . È vero , ci vogliono in genere la forma semplice di assicurare il lettore che ha visto il fenomeno in guestion ripetutamente :

Se fosse un guestion di un solo caso come quello del mio paziente , si potrebbe scrollarsi di parte . Nessuno si sognerebbe di erigere su una singola osservazione una fede che implica prendere una linea così decisivo . Ma dovete credermi quando vi assicuro che questo non è l' unico caso nella mia esperienza . (1933 , p . 42)

Molti psicologi sembrano avere l'impressione che Freud frequently basa importante proposizioni su casi singoli; ma ho attentamente cercato tutti il suo caso importante histories per istanze , e hanno trovato none.5 Scriveva già nel caso di Dora , kA singolo caso può mai in grado di dimostrare un teorema così generale come questo onei (1905c , p . 115) . nella sua primi lavori psicoanalitici , Freud ancora e ancora quoted tali statistiche come seguente :

. la mia affermazione . . . è supportata dal fatto che in alcuni diciotto casi di isteria ho potuto scoprire questo collegamento in ogni singolo sintomo , e , qualora le circostanze permesso , per confermarla dal successo terapeutico. Non c'è dubbio che si può sollevare l'obiezione che il XIX e il XX analisi saranno forse dimostrare che i sintomi isterici sono derivati da altre fonti , e quindi ridurre la validità universale della eziologia sessuale a una delle ottanta per cento . Con tutti i mezzi dobbiamo aspettare e vedere ; ma , dal momento che questi diciotto casi sono allo stesso tempo tutti i casi in cui sono stato in grado di svolgere il lavoro di analisi e dato che non erano stati prelevati da chiunque per mia comodità , troverete comprensibile che io non condivido tale aspettativa , ma sono disposto a lasciare la mia convinzione correre davanti alla forza probatoria delle osservazioni che ho finora fatto. (1f96 , p . 199f .)

Scadente (1954) ha rilevato che in un tale uso di ragionamento statistico come questo , Freud non avanzare oltre il metodo di Mill di accordo, che è il suo più elementare e meno affidabile canonico di induzione. Nel documento che ho appena quoted , Freud considerava l' possibilità di utilizzare l'essenza del metodo raccomandato congiunta del Mulino di contratto e

5 Vedi sopra , tuttavia , per gli esempi del suo generaliling liberamente da auto - osservazione. A quanto pare , la natura intrinsecamente convincente dei dati introspettivi overrode sua cautela generale.

dissenso . Si obietterà , egli dice , che molti bambini sono sedotti ma non diventare isterica , che si permette di essere vero senza compromettere la sua tesi ; egli paragona la seduzione al bacillo tubercolare ubiguitous , che è kinhaled di gran lunga più persone che si trovano ad ammalarsi di tuberculosisi (p. 209) , ma il bacillo è il determinante specifico dei diseaseeits necessarie , ma la causa non è sufficiente . Egli considerava la possibilità che ci possa essere pazienti isteriche che non hanno subito seduzione, ma guickly respinto ; tali casi presunti non erano stati psychoanalyled , quindi l'accusa non erano stati rivelati . Alla fine , dunque , Freud sosteneva semplicemente il suo modo dalla necessità di prendere in considerazione qualsiasi , ma i suoi casi positivi , ed era quindi in grado di utilizzare ragionamento statistico in alcun modo convincente o coercitivo .

In punto di fatto , i riferimenti nei suoi documenti per numero di casi trattati abbandonato quasi del tutto dopo il 1900 ; invece , si trova guasi fiducioso - sinistri guantitative di questo tipo : scoperta kThis , che era facile da fare e potrebbe essere confermato come spesso come una piaciuto . . . i (1906, p 272 .) , o tali ammonimenti severi come questa :

Gli insegnamenti della psicoanalisi si basano su un numero incalcolabile di osservazioni ed esperienze , e solo qualcuno che ha ripetuto queste osservazioni su se stesso e in altri è in grado di arrivare ad un giudizio del proprio su di essa . (1940 , p . 144)

Nel lungo prezzo ExWorks da 1f96 appena sopra , nota l'ingresso di un altro modo caratteristico di argomentazione spesso usato da Freud : la teoria è dimostrato dai suoi successi terapeutici . A volte si afferma con ciò che abbiamo visto essere caratteristica di iperbole :

Il fatto che nel technigue di psico - analisi è stato trovato un mezzo attraverso il quale la forza avversaria anticathexis POF in repressionq possono essere rimossi e le idee in guestion reso consapevole rende questa teoria inconfutabile. (1923 , p . 14)

Potrei guote molti passaggi in cui è fatto lo stesso tipo generale di argomenti :

Freud cita come kproofi o come kconfirmationi un insieme di circostanze che non servono a migliorare la probabilità che l' affermazione è vera , ma non inchiodare giù in una

modo rigoroso . I mezzi finali delle prove , per Freud , era il semplice ostensivo uno:
Ci viene detto che la città di Costanza si trova sul Bodensee . Una canzone studente aggiunge : kif voi non ci credete , andate a vedere " Mi è capitato di essere stato lì e posso confermare il fatto r (1927 , pag 25 .) .
In molti luoghi , Freud applicato questo principio di base di test realtà psychoanalysise se non ci credete , andate a vedere di persona ; e fino a quando siete stati analyled e , preferibilmente , anche stati addestrati a svolgere psicoanalisi degli altri te stesso , non hai basi per essere scettici .
Freud non ha visto che il promulgatore di una affermazione assume su di sé l'onere di dimostrarlo . È dubbio che egli abbia mai sentito parlare dell'ipotesi nulla ; sicuramente non aveva idea della sofisticata metodologia che questo strano termine connota . In diversi luoghi , ha , per così dire , guite rivela innocentemente la sua inconsapevolezza che, per le proposizioni empiriche per essere preso sul serio , dovrebbero essere in linea di principio confutabile . Ad esempio , dopo aver affermato che il desiderio ka che è rappresentato in un sogno deve essere un infantile , i (. 1900, p 553 ; enfasi è di Freud) , egli osserva :
Mi rendo conto che questa affermazione non può essere provato a tenere universalmente ; ma può essere dimostrato di tenere freguently , anche nei casi insospettabili , e non può essere contraddetta da una proposizione generale. (1900 , p . 554)
Almeno , in questo passaggio ha mostrato il realilation che una proposizione universale non può essere dimostrata ; ancora più tardi doveva fare riferimento ad un'altra

regola stabilita L'interpretazione dei sogni . . . PASQ dato confermato oltre ogni dubbio , che le parole e discorsi nel sogno - contenuto non sono appena formate. . . (1917 , p . 22f)
È vero , ogni istanza fresco di una proposizione universale rivendicato non rafforzare la sua credibilità e la probabilità che essa sia affidabile . Se teniamo a mente che nulla più si intende per iscritto psicoanalitica da rivendicazioni di prova , saremo su un terreno relativamente sicuro .
Freud non era solito scrivere come se fosse conosci la distinzione tra la formazione di ipotesi e testarli . Eppure lui era a conoscenza di esso, e, a volte era abbastanza modesto sulla natura esplorativa del suo lavoro :
Così questo punto di vista è stato raggiunto per inferenza ; e se da una deduzione di questo tipo si è portati , non ad una regione familiare , ma al contrario , ad uno che è estraneo e nuovo proprio pensiero , si chiama l'inferenza un khypothesisi e giustamente si rifiuta di considerare la relazione dell'ipotesi al materiale da cui è stato dedotto come kproofi di esso . esso può essere considerato solo come kprovedi se viene raggiunto da un altro sentiero e pN.B. : cross - validationuq e se si può dimostrare di essere il punto nodale di ancora altri collegamenti . (1905a , p . 177 sg .)
Ho esaminato i metodi di Freud arraying suoi dati e ragionamenti su di loro nel tentativo di dimostrare i suoi punti in due modi : facendo una collezione generale ogni volta che mi sono imbattuto in casi in cui egli ha tratto conclusioni in modo esplicito , e da un attento esame di tutti i suoi argomenti per il concetto di inconscio psichico in due dei suoi maggiori quotidiani , kA Nota sull'inconscio in Psychoanalysisi (1912b) e kThe Unconsciousi (1915c) . Sarebbe noioso e tempo - richiede di documentare le mie analisi delle sue modalità di argomentazione ; Mi limito a dare la mia conclusione .

È , guite semplicemente, che Freud raramente dimostrato qualcosa in un senso rigoroso della parola .

Raramente sottoposto ipotesi per il tipo di cross - validazione, controllare che ha sostenuto l'ultimo passaggio di guoted . Egli è spesso convincente , quasi mai coercitivamente così . Era guite pronto per l'uso dei dispositivi ha parlato di slightingly nelle sue taglienti critiques del ragionamento utilizzato dai suoi avversari : il dictum autorevole , implorando il guestion , argomenti per analogia , e ritira la discussione di kmatters che sono così lontani dai problemi della nostra osservazione , e di cui abbiamo così poco cognilance , che è come minimo di contestare . . . da affirmi loro (1914 , p . 79) .

In realtà , ciò che Freud fa è di fare uso di tutte le risorse della retorica . Si appoggia una dichiarazione generale da un esempio significativo in cui è chiaramente operativa ; costruisce catene plausibili di causa ed effetto (dopo il principio del post hoc ergo propter hoc) , egli sostiene a fortiori ; e usa entimemi per trarre conclusioni motivate . Un entimema corrisponde retorico per sillogismo in logic.6 In esso , una premessa è spesso, ma non necessariamente soppressa , e , a differenza del sillogismo , è un metodo per stabilire probabile anziché esatta verità o assoluto .

Inoltre, egli cerca di vincere il nostro accordo da una immediatezza disarmante di indirizzo personale , e facendo un passo nel ruolo di avversario di sollevare argomenti difficili contro se stesso , dopo di che i suoi punti di confutazione appaiono tanto più eloquente . La sua scrittura è vivace con metafora e personificazione , con lampi di ingegno , voli poetici in analogie estese o similitudini , e molti altri dispositivi simili per evitare un livello costantemente astratta del discorso . Quando la linea di ragionamento in un certo numero di suoi entimemi in kThe Unconsciousi è

6 Ad esempio, vedere i passaggi guoted da Freud (1901 , a pag . 45 della presente sentenza , e il passaggio successivo guoted , a pag . 46) . sopra .

attenzione esplicitato , è sorprendentemente debole e coinvolge diversi non sequitur . Nei suoi tentativi di confutare gli altri , ha freguently fatto uso del dispositivo retorico di rendere l' altro argomento appare improbabile facendo appello alla sua plausibilità al senso comune e l'osservazione di tutti i giorni .

In primo luogo , egli pRankq presuppone che il bambino ha ricevuto certo sensoriale impressioni , in particolare di tipo visivo , al momento della nascita, il cui rinnovo può richiamare alla sua memoria il trauma della nascita e quindi evocare una reazione di ansia . questo presupposto è guite infondata ed estremamente improbabile . Non è credibile che un bambino dovrebbe trattenere qualsiasi , ma sensazioni tattili e generali relative al processo di nascita . (1926a , p . 135)

USO DELLE FIGURE DI DISCORSO

Perché ho un interesse particolare per le figure retoriche , ho prestato particolare attenzione al modo in cui Freud ha usato questo espediente retorico . I redattori della Standard Edition hanno reso il compito relativamente facile da voci di indice , per ogni volume , sotto il titolo kAnalogies.i Picking due volumi più o meno a caso (Wii e WIV) , ho guardato i 31 analogie così indicizzati e tentato per vedere in che modo Freud li impiega .

Come un professore di retorica (Genung , 1900) si è detto , il valore kThe sia di esempio e di analogia è , dopo tutto , piuttosto illustrativo che argomentativo ; sono in realtà strumenti di esposizione , impiegato per rendere il soggetto in modo chiaro . . . che gli uomini possono vedere la verità o l'errore di esso per themselves.i Per la maggior parte , in questi due volumi Freud utilizzato come analogie kinstruments di esposizione , ho inserito dopo un litigio era stato completamente affermato nella sua termini propri , aggiungere vivace , concretezza visulalible ; alcuni di loro sono piccoli scherzi , l'aggiunta di un tocco di sollievo comico per alleggerire il fardello del lettore . A volte, tuttavia , l'analogia si muove nel mainstream dell'argomento e serve uno scopo retorico più diretto ; questo è

vero , abbastanza sorprendentemente , molto più spesso in vol. WIV , che contiene l'austero carte metapsicologiche , che in vol . WII , in gran parte dedicato al caso di Schreber e

documenti su technigue . Risulta , tuttavia , che si verifica l' uso argomentativo di analogia
in gran parte nei passaggi polemici in cui Freud sta tentando di confutare la principale
argomenti con i quali Jung e Adler rottura dei suoi legami con la psicoanalisi classica ; per lo più ,
prende la forma del ridicolo , una forma di screditare un avversario , rendendo la sua tesi
apparire ridicolo piuttosto che incontro su un terreno di proprietà . Non è difficile da capire
come Freud arrabbiato deve essersi sentito le apostasie in rapida successione di due dei suoi più
aderenti dotati e promettenti , in modo che la forte incidere avuto il suo consueto effetto di degradare la
livello di argomentazione .
Freud ha utilizzato analogie in altri due tipi di modi sui giornali metapsicologici ,
tuttavia. In alcuni casi , l'analogia sembra aver giocato il ruolo di un modello . Cioè,
quando scrisse quel complesso kThe di malinconia si comporta come una ferita aperta , attingendo a
stesso. . hanticathexes ». . . da tutte le direzioni , e svuotare l'Io finché non è totalmente
impoverito " (1917 , p . 253) , ha fatto rivivere una immagine che aveva usato in un inedito
progetto , scritto e inviato a Fliess 20 anni prima (1ff7 - 1902 , pag 107F . .) ; inoltre, doveva
usare di nuovo cinque anni dopo nella teoria delle nevrosi traumatica (1920 , p . 30) . interessante
sufficiente , in nessuna di queste versioni ha Freud dire esplicitamente cosa c'è circa una ferita che
rende un analogo operazione. Ovviamente, però , aveva in mente il modo in cui i leucociti
raccogliere intorno ai margini di una lesione fisica , un meccanismo di medico di difesa che può
essere un antenato principale del concetto di meccanismi di difesa psichici . Sicuramente si è formata
un motivo importante del pensiero di Freud , uno che ha influenzato direttamente il tipo di
costrutti psicologici lui invocata e alcune di quello che ha fatto con loro .

L'altro utilizzo di una figura estesa di parola non impiega un'analogia in stretto
senso e quindi non è indicizzato . (In effetti, la stragrande maggioranza delle analogie di Freud non sono
indicizzati ;
solo quelle protratte che assomigliano similitudini epiche . Ma il testo è così densa di tropi di
un tipo o di un altro che un indice completo sarebbe impraticabile enorme.) Sono
facendo riferimento ad un esempio di un dispositivo freudiano caratteristica , il mito kscientific , i come
egli
chiamato il migliore - noto esempio , la leggenda del orda primordiale . Vicino all'inizio
kInstincts e la loro Vicissitudesi (1915a) , dopo aver esaminato il concetto dell'unità guite
astrattamente dal punto di vista della fisiologia , e in relazione al concetto di kstimulus , mi dice
all'improvviso :
Immaginiamo noi stessi nella situazione di un organismo vivente quasi del tutto impotente ,
ancora unorientated nel mondo , che sta ricevendo stimoli nella sostanza nervosa , (p.
119)
Che imageu arresto E notare che questa non è una mera figura convenzionale della parola ,
in cui l'uomo è il punto rispetto da punto a un organismo primitivo ipotetico . invece ,
qui ci viene dato un invito a identificazione. Freud ci incoraggia a anthropomorphile ,
di immaginare come sarebbe se noi, come adulti e pensare la gente , eravamo nel indifesi e
posizione esposta si va a delineare in modo graficamente . Sembra naturale , quindi, quando
attribuisce facilmente al piccolo animaletto non solo la coscienza ma auto - awarenessean
attribuiamo noi realile , sulla riflessione sobria , per essere un essere umano uniguely e piuttosto
sofisticato
realizzazione. La sua frase introduttiva , però , ci invita subito a sospendere l'incredulità e
derogare alle normali regole di pensiero scientifico . E 'come Klet di un bambino finta " ; ci porta a
aspettiamo che questo non è tanto un modo di spingere la sua tesi in avanti come un temporaneo
digressione illustrativo ; come i suoi soliti analogie , una vacanza pittorica dal disco teorica

pensare. Presto scopriamo che egli utilizza questa sospensione delle regole come un modo di concedendosi una libertà e fluidità di ragionamento che altrimenti non sarebbe accettabile . Eppure procede successivamente, se il punto era stato dimostrato in modo rigoroso .

La concezione di una piscina organismo completamente vulnerabile in un mare di sostanze pericolose energie era un'altra immagine ricorrente che sembra aver fatto una profonda impressione su Freud. Essa svolge un ruolo ancora più critico nello sviluppo della sua argomentazione in Al di là del Principio di piacere , anche se è introdotto in un modo un po ' più sobrio (Kleť Immaginiamo un organismo vivente nella sua possibile forma più semplificata come una vescicola indifferenziata di un sostanza che è suscettibile di stimulationi ; 1920, p . 26) . Tuttavia, egli non presenta esplicitamente come ipotesi sulla natura del primo organismo vivente ; infatti , non diventa mai guite chiaro che tipo di stato esistenziale questo kvesiclei ha . Freud procede con una certa digressioni supporre che l'organismo sarebbe stato ucciso dai kmost energiesi potenti circonda se rimanesse non protetto , e che la cottura del suo strato esterno formato un crosta che proteggeva cosa ci fosse sotto. Improvvisamente , Freud prende un potente salto da questa originale , cellula vivente in parte danneggiato : Kin altamente sviluppata Organismi corticale ricettivo strato della ex vescicola è stato a lungo ritirato nelle profondità all'interno del corpo, anche se parti di esso sono stati lasciati sulla superficie immediatamente sotto la scudo contro stimulii (p. 27f .) . Implicitamente , ha assunto che il suo unicellulari Adam è stato proficuo e ha popolato la terra , sempre passando lungo le sue croste originali per l'eredità di caratteri acguired .

Proprio quando si pensa che Freud presenta altamente fantasiosa , teoria lamarckiana su l'origine della pelle , si passa la metafora . Prima, però , ha hypothesiles che kThe

specifico dispiacere di dolore fisico è probabilmente il risultato dello scudo di protezione avente stato sfondato . . . Energia delle cariche viene convocato da tutti i lati per fornire sufficientemente alte cariche di energia nei dintorni della violazione . Un hanticathexis ' su una grande scala è istituito, a favore della quale tutti gli altri sistemi psichici sono impoverishedi (p. 30) . Lungo circa qui , il forte - Lettore occhi farà un doppio introito : sembrava come se Freud parlava di una ferita fisica nella pelle , ma quello che viene chiamato a sua i margini non sono i globuli bianchi , ma Guanta di energyu psichici Poi nella pagina successiva , apprendiamo che kpreparedness per l'ansia e la iperinvestimento dei sistemi ricettive costituisce l' ultima linea di difesa dello scudo contro gli stimoli i (p. 31) . Questo scudo, che sembrava così concreta e fisica , risulta essere una metafora avvolta in un mito .

E 'vero che tutto questo quarto capitolo è stato introdotto dal seguente comma disarmante candid : Quello che segue è la speculazione , spesso molto - la speculazione inverosimile , che il lettore esaminare o licenziare secondo la sua predilezione individuale. Esso è anche un tentativo di seguire su un'idea coerente, per la curiosità di vedere dove porterà . (1920 , p . 24)

Alla luce del successivo sviluppo delle teorie di Freud , in cui come abbiamo visto, è venuto ad appoggiarsi su questa curiosa tessuto di speculazioni come se fosse un tessuto fermamente solidale , sembra che questo modesto esclusione di responsabilità è un altro Klet finta , " in modo che Freud, come la Britannia , può derogare alle regole .

RETORICA Freud

Il risultato di questa indagine dei mezzi utilizzati Freud nella sua ricerca della verità è che lui fatto affidamento su tutti i dispositivi classici della retorica . L'effetto non è per dimostrare , in qualsiasi senso rigoroso , ma per convincere , utilizzando in parte i dispositivi di saggista , ma anche

più quelli di un oratore o avvocato, che scrive la sua breve e poi argomenta il caso con tutte le eloguence a sua disposizione . Notate che ho basato questa conclusione principalmente su un sondaggio di , documenti teorici più tecnici di Freud e libri. In tali opere magistrali per il lettore comune come la sua varie serie di lezioni introduttive (1916-1917 , 1933) o Il problema dell'analisi condotta (1926b) , la forma retorica è ancora più esplicito ; l'ultimo nome lavoro è effettivamente gettato nella forma di un dialogo allargato , rifacendosi direttamente al classici testi greci di cui Freud era così affezionato .

C'è una tendenza oggi a prendere krhetorici come un termine leggermente peggiorativo . Tranne che nella mente dei platonici , non aveva tale connotazione in epoca classica . Come Kennedy (1963) sottolinea ,

Uno degli interessi principali dei Greci era retorica . . . . Nella sua origine e l'intenzione retorica naturale e buono stato : ha prodotto chiarezza , vigore e bellezza, ed è salito logicamente dalle condizioni e qualities della mente classica. Società greca invocato l'espressione orale . . . . Agitazione politica è stata compiuta solitamente o sconfitto con il passaparola . Il sistema giudiziario era ugualmente orale. . . Tutta la letteratura è stato scritto per essere ascoltato , e anche quando la lettura a se stesso un greco leggere ad alta voce (p. 3f .)

Retorica , come la teoria della comunicazione persuasiva , era necessariamente un buon affare più di questo ; era l'unica forma di critica nel pensiero greco . In una delle definizioni di Aristotele , la retorica è un processo ka di critica in cui si trova il percorso i principi di tutte le inguiriesi (Discussione I ; guoted in McBurney , 1936 , pag 54 .) .

Poiché la scienza non era così nettamente differenziato da altri metodi di ricerca della verità poi come divenne in seguito , la retorica era la cosa più vicina a una metodologia scientifica che l' Greci avevano . Nella presentazione di Artistotle , c'erano due tipi di verità : esatti o certi , e probabile . Il primo era la preoccupazione della scienza , che ha operato mediante sillogistica

logica o completa enumerazione. Tutti gli altri tipi di conoscenza meramente probabilistico erano i regni di inguiry argomentativo , che ha operato per mezzo della dialettica e della retorica . Ma l'unica disciplina a cui si applica il criterio di Aristotele kunqualified knowledgei scientifico è la matematica (oggi interpretata in modo da includere la logica simbolica) ; solo in una scienza come puramente formale può rigoroso procedimento deduttivo essere utilizzato e certezza raggiunta.

Vado in questo molto particolare circa retorica greca perché mi suggerisce un possibile illuminante ipotesi. Tutto quello che posso fare per renderlo plausibile è quello di sottolineare che Freud ha

conoscere bene greca e leggere i classici in lingua originale ; e tra i cinque corsi o seminari ha preso con Brentano era uno su Logic e almeno una filosofia kThe di Aristotlei (Bernfeld , 1951) . Se Freud ricevuto alcuna formazione in metodologia, l' filosofia critica della scienza , è stato con il filosofo aristotelico - psicologo Brentano . Non ho trovato da nessuna parte nelle opere di Freud alcun riferimento alla Retorica di Aristotele

o qualsiasi prova diretta che lui lo saveva ; il meglio che posso fare è offrire questi pezzi di prove circostanziali (o, come Aristotele avrebbe detto , per fare un ragionamento da segni) . È , quindi , possibile che Freud era in questo modo introdotti ai dispositivi di retorica e il ragionamento enthymemetic o probabilistico come legittimi strumenti di inguiry in questioni empiriche . Il suo rifiuto di speculativo , deduttivamente esatto sistema - edificio può indicano che egli accettava la dicotomia aristotelica tra esatta (o matematica) e la verità probabile e scegliendo di lavorare nel mondo reale e approssimativa in cui la retorica era il mezzo appropriato di avvicinamento a un solo verità relativa .

Il modo in cui ho messo questo punto di vista confonde deliberatamente una distinzione sottile ma importante tra i due tipi di probabilismo : quello della retorica , in cui i mezzi tecnici di

ragionamento plausibile vengono utilizzati per migliorare nella mente di chi ascolta soggettivo probabilità che la tesi di chi parla è vera ; e quello della moderna scienza scettico , che utilizza i metodi più precisi e rigorosi possibile misurare la probabilità di un thesise cioè , la quantità di fiducia possiamo avere che è una buona approssimazione di una realtà che può essere avvicinato solo asintoticamente . Per il primo , la prova è la creazione di credo; per quest'ultimo , la verifica è il rifiuto di un certo falsa ipotesi nulla e l' accettazione temporanea di un'alternativa come il migliore disponibile al momento . Io non lo faccio credo che Freud vide chiaramente questa distinzione ; in ogni caso , non ha scritto come se pensasse in questi termini .

Sicuramente è stato un superbo retore , se era cosciente o meno. Era un maestro di tutte le sue cinque parti , di cui abbiamo parlato finora soprattutto gli aspetti del primo , invenzione, che comprende le modalità di prova : una prova diretta , argomentazione dalle prove e mezzi indiretti di persuasione da parte della forza di personale impressione o la presenza (ethos) o kthe emozione che è in grado di risvegliare i suoi appelli verbali , i suoi gesti , i ecc (pathos) (Kennedy , 1963 , p . 10) . Eccellenza di Freud a ethos e pathos , e gli ultimi due della parti , la memoria e la consegna , è descritto da Jones : E 'stato docente affascinante. Le lezioni erano sempre illuminati dal suo peculiare umorismo ironico . . . Ha sempre usato a bassa voce , forse perché potrebbe diventare piuttosto duro se tesa , ma parlava con la massima nitidezza . Non ha mai usato le note , e raramente ha fatto molta preparazione per una conferenza . . .

Il biografo adorante prosegue affermando che Khe mai usato oratorio , i ma sembra essere usando il termine in senso moderno , come sinonimo di magniloquenza , che non era certo quello che gli antichi greci significava . Che Descrizione trasmette di Jones è un tipo molto efficace di

presenza personale . Freud parlato intimamente e colloquiale . . . Si sentiva si rivolgeva a noi personalmente . . . Non c'era nessuna luce intermittente di condiscendenza in essa , nemmeno un accenno di un insegnante . Il pubblico è stata assunta costituito da persone molto intelligenti a cui egli voleva comunicare alcune delle sue recenti esperienze . . . (Jones , 1953 , pag . 341F .)

Per quanto riguarda i restanti due parti nel aristotelico cinque - divisione parte della retorica , arrangiamento e stile , molto si potrebbe scrivere , ma sarebbe trincea sulla critica letteraria . I Greci analyled stile evaluatively in termini di quattro virtù di correttezza , chiarezza , ornamenti , e correttezza ; Mi limiterò a registrare la mia impressione che Freud avrebbe guadagnato il massimo dei voti su tutti questi conteggi .

Freud si vantava di aver tenuto in disparte dalla polemica rissa di polemiche . Solo una volta , dice con un certo orgoglio nella sua Autobiografia (1925) , ha fatto rispondere direttamente un critico , in 1f94 . Eppure è evidente che egli scrisse in uno stato d'animo polemica gran parte del resto della sua vita , sempre con la consapevolezza che il lettore potrebbe essere ostile . Era esplicito su di esso in molte lettere ai suoi seguaci . Ad esempio, per Jung nel 1909 :

Non possiamo evitare le resistenze , quindi perché non piuttosto li sfida a onces A mio parere l'attacco è la miglior difesa . Forse si sottovaluta l'intensità di queste resistenze quando si spera di contrastare loro con piccole concessioni . (tuoted in Jones , 1955 , p . 436)

E per Pfister due anni dopo :
E ' quasi impossibile avere un dibattito pubblico sulla psicoanalisi ; uno non ha un terreno comune e non c'è niente da fare contro le emozioni in agguato . Il movimento è interessato con le profondità , e dibattiti su di esso deve rimanere soccombente le dispute teologiche al tempo della Riforma . (Jones , 1955 , p . 450F .)

Sentire questa forza , Freud non avrebbe potuto fare di diverso per affrontare il compito di esposizione come uno di argomentazione . La cosa amaling è che lo spadaccino verbale abile lasciare lo scienziato in Freud ha il pavimento tanto quanto lui did.7

SINTESI

E ora lasciatemi tornare allo stile cognitivo nel suo senso tecnico contemporanea . come Klein usa , uno stile cognitivo characteriles una persona e il suo modo unigue del trattamento informazioni. Ci sono, naturalmente , le somiglianze tra le persone a questi aspetti , e la dimensioni in cui gli stili cognitivi possono essere analyled sono chiamati controllo cognitivo principi . (Il più quasi definitiva affermazione dei principi scoperti da Klein e suoi collaboratori è contenuta nella monografia da Gardner , Hollman , Klein , Linton , m Spence , 1959.)

Abbiamo visto che Freud aveva, ad un grado insolito, una tolleranza per l'ambiguità e incoerenza . Ne aveva bisogno . Come ho sostenuto nelle precedenti sezioni , di cui sopra , il suo pensiero sempre preso

collocare nel contesto dei conflitti diffuse. Nel primo di questi , tender - minded, speculativo , ampia - che vanno e fantasylike pensiero derivante dalla Naturphilosophie è stato contrapposto il fisicalistico fisiologia disciplinato dei suoi insegnanti venerati . Il secondo conflitto gruppi coinvolti di proposizioni sulla realtà e gli esseri umani e , più in generale , due opposte visioni del mondo , una umanistica e una immagine meccanicistica della maneone artistica, letteraria ,

e filosofico , l'altra a terra in un ideale riduzionista della scienza e della sua promessa di progredire attraverso obiettività e rigore . Inoltre , metapsicologiche scontri modello di Freud

7 Come una breve ecologica a parte , vorrei suggerire che Freud avrebbe potuto essere di meno di un combattente nel suo iscritto se avesse lavorato dalla sicurezza di protezione di una posizione accademica . La sua cattedra prezioso ha fatto Non trasportare possesso né uno stipendio ; Freud gestito sempre dalla situazione esposta e solitario di privati pratica .

in molti punti cruciali con la realtà ; così un ulteriore conflitto avvenuto tra un set di Ipotesi di orientamento di base di Freud e della sua crescente conoscenza dei fatti su comportamento .

A causa di tutti questi conflitti , credo che doveva operare nel suo caratteristico sciolto - modo articolato. Se avesse avuto un bisogno compulsivo di chiarezza e di coerenza , probabilmente avrebbe dovuto fare delle scelte e risolvere i suoi conflitti intellettuali . Se avesse seguito la via della duro - scienza muso , sarebbe stato prigioniero dei metodi e delle ipotesi ha imparato nella sua scuola medica e la sua laboratorieseanother , più dotato Exner , che potrebbe aver scritto una serie di libri eccellenti neurologiche come l' uno su afasia , ma chi avrebbe probabilmente emulato i suoi contemporanei cauti nel guidare chiaro di pazienti isteriche . E se avesse voltato le spalle lo sforzo di disciplina scientifica e aveva aperto le porte alla sua inventiva speculativa , avremmo avuto una ondata di Nature - saggi filosofici , ma niente come la psicoanalisi ; o se l'umanista in lui aveva decisamente conquistato il meccanicista , avrebbe scritto romanzi brillanti , ma non avrebbe mai fatto le sue grandi scoperte . Ma perché Freud era in grado di tenere un piede nell'arte e uno in scienza, perché poteva mantenere comodamente la sicurezza di un modello ereditato da autorità riconosciute senza il suo tutto lo accecante agli aspetti della realtà per i quali non aveva alcun posto , era in grado di essere straordinariamente creativo . Originalità produttiva nella scienza implica una dialettica di libertà e controllo , la flessibilità e rigore , la speculazione e l'auto - controllo critico . senza qualche allentamento delle catene del convenzionale, cassetta di sicurezza , secondaria - il pensiero di processo , non ci può essere poco originalità ; Pegasus deve avere la possibilità di prendere il volo . Ma la liberazione da sola non basta . se flessibilità non è accompagnato dalla disciplina , diventa fluidità , e poi abbiamo un visionario , un Phantast (come Freud una volta se stesso e Fliess chiamato) al posto di uno scienziato . Era proprio questo che Freud temuto in se stesso . Le idee audaci , ma feconde devono essere scelti tra quelli meramente audaci o positivamente strampalate ; approfondimenti devono essere accuratamente controllati ; nuovi concetti devono essere lavorate in una struttura di leggi in modo che si adattano senza problemi , contrafforte ed estendere l'edificio . Tutto questo richiede un atteggiamento che è antitetica alla precedente , quello più strettamente creativa . Si chiede una grande quantità di un uomo , quindi, che egli sia esperto in entrambi i tipi di pensiero e in grado di spostare adeguatamente dal ruolo di sognatore a quella di critico . Forse questo è uno dei motivi che abbiamo così pochi veramente grandi scienziati .

Questa prima caratteristica importante di stile cognitivo di Freud è sorprendentemente ricorda il principio del controllo cognitivo chiamato da Klein ed i suoi soci tolleranza per l'instabilità o per le esperienze realistiche . soggetti khTolerant ' pas rispetto al onesq intollerante sembravano in contatto egually adeguato con la realtà esterna , ma erano molto più rilassato nella loro l'accettazione di entrambe le idee e organilations percettivi che reguired deviazione dalla convenzionale " (Gardner et al. 1959 , p . 93) . E 'un tipo rilassato e fantasioso della mente , al contrario di quel tipo che si aggrappa rigidamente ad una realtà interpretata letteralmente . E Freud (1933)
era insolitamente disposti a intrattenere ipotesi parapsicologica che vanno ben oltre concetti scientificamente convenzionali della realtà . La telepatia è guite letteralmente un kunrealistic experience.I
Se Freud era tollerante di ambiguità , incoerenza , instabilità, e irrealistica esperienze , c'era una simile - dichiarare che egli non poteva tollerare che suona : non senso , l'ipotesi che un processo era stocastico o che un fenomeno

verificato a causa di un errore casuale. Non c'è dubbio che questo atteggiamento lo ha portato a volte in overinterpreting dati e la lettura meaningeespecially dinamico o motivazionale comportamento meaningeinto ingiustificatamente . Ma ha anche spronato le sue scoperte fondamentali , come ad esempio
che del processo primario e l'interpretabilità dei sogni , nevrotici e psicotici sintomi .
Vediamo se i restanti cinque dimensioni descritte da Gardner , Hollman , Klein , Linton , e Spence non formano un quadro utile per summariling maniera di Freud di pensare . Sembra sicuramente probabile che Freud è stato schierare fortemente - indipendente . interno ---
la regia è di certo era , e Graham (1955) ha mostrato una connessione empirica tra Riesman (1950) e di Witkin (1949) concetti. Ecco la Gardner et al. descrizione delle il tipo di persona che è campo - independentenot marcatamente dipende dal campo visivo per l'orientamento al montante : egli è characteriled da k (a) attività nel trattare con il ambiente ; (b) . . . Hinner vita ' e un controllo efficace degli impulsi , con bassa ansia ; e (c) alta auto - stima , tra cui la fiducia nel corpo e un corpo relativamente adulti - immagine . i Si suona un buon affare come Freud, tranne forse per la sua ambivalente e piuttosto atteggiamento ipocondriaco verso il suo bodyekpoor Konrad , io come lui ironicamente chiamato. Linton (1955) ha inoltre dimostrato che la materia - persone indipendenti sono poco sensibili al gruppo influenza , sicuramente vero di Freud .
Nella sua preferenza per un piccolo numero di motivazionale estremamente ampiamente definito concetti , Freud sembra aver avuto una vasta gamma di equivalenza . E sulla dimensione della Klein flessibile rispetto al controllo ristretto, Freud avrebbe certamente ha segnato ben oltre al

punta flessibile . Non era krelatively agio in situazioni che hanno coinvolto contraddittoria o

spunti invadente. . . Non overimpressed con uno stimolo organilation dominante se . . . un'altra parte del campo pwasq più appropriateis E sicuramente lui non kdid tendono a sopprimere sentimento e altri cues.i interna Questa è la descrizione del modo flessibile - (. . Gardner et al , 1959 , p 53f .) soggetta a controllo .

Le altre due dimensioni del controllo cognitivo sembrano meno rilevante. Scansione (contro focalizzazione) come un modo di usare attenzione potrebbe sembrare suggerire il modo Freud partecipato alla sua

pazienti , ma è gualitatively differente . La scansione è accompagnata dalla capacità di concentrarsi su ciò che è importante , ma a costo di isolamento di incidere e overintellectualilation ; non è tanto passivamente rilassato partecipare come un inquieto di roaming la ricerca di tutto ciò che potrebbe essere utile . E per quanto posso determinare , Freud non era sia un livellatore o un temperamatite ; lui né abitualmente distinzioni offuscata e semplificato né era particolarmente attento a differenze sottili e sempre alla ricerca di lievi modifiche in situazioni .

E ' giusto concludere , credo , che alcuni di questi principi di controllo cognitivo sembrano guite apt e utile , anche se una buona parte del sapore del unigueness di Freud come un pensatore è perso quando li applichiamo a lui . Inoltre , un paio di altri aspetti dello stile cognitivo sono stati suggeriti come characteriling Freud. Kaplan (1964) inizia una discussione generale lo stile cognitivo degli scienziati comportamentali così : k . . . pensiero e la sua espressione sono sicuramente non del tutto estranei l'uno all'altro , e come le scoperte scientifiche sono formulati per incorporazione nel corpo di conoscenze spesso riflette i tratti stilistici del pensiero dietro di loro una migliore (p. 259) . Egli continua a descrivere sei stili principali , e cita Freud in Collegamento con i primi due di essi: il letteraria e gli stili accademici. l' letterario

stile è spesso riguarda individui , interpretato klargely in termini di specifica finalità e le prospettive degli attori , piuttosto che in termini di astratto e generale categorie di proprio schema esplicativo dello scienziato . . . Gli studi di Freud di Mosè e Leonardo. . . esporre qualcosa di questo stile . " Lo stile accademico , al contrario , è kmuch più astratto e generale . . . C'è qualche tentativo di essere preciso , ma è verbale piuttosto che operativa . Parole comuni sono utilizzati in sensi speciali , a costituire un tecnico vocabolario. . . . pTreatment del dataq tende ad essere molto teorica , se non, addirittura , puramente speculative . Sistema viene introdotto per mezzo di grandi hprinciples ' , applicato più volte per casi specifici , che illustrano la generalilation piuttosto che servire come prove per esso " . Kaplan cita kessays in teoria psicoanalitica " in generale come esempi , ma confido che sarà evidente quanto bene queste descrizioni characterile e summarile gran parte di ciò che ho portato fuori su Freud .

Un Decalogo per il lettore di Freud

Per concludere , vorrei tornare alla mia dichiarazione originale che una migliore comprensione di Background intellettuale di Freud e lo stile cognitivo potrebbero aiutare il lettore contemporaneo lo leggi con intuito piuttosto che confusione , e cercare di dare sostanza, in forma di dieci ammonimenti . Come un altro decalogo , possono essere ridotte a una regola d'oro : essere empatico piuttosto che projectiveelearn quali sono proprie condizioni dell'uomo e portarlo su di loro .

1 . Attenzione sollevamento affermazioni fuori contesto . Questa pratica è particolarmente allettante per scrittori di libri di testo , critici polemiche , e la ricerca - minded psicologi clinici che sono più desiderosi di ottenere il diritto alla sperimentazione di proposizioni che per intraprendere il lento studio di un ampio corpus di teoria. Non vi è alcun sostituto per abbastanza di Freud a leggere per ottenere la sua completa significato , che non viene quasi mai pienamente espresso in un unico paragrafo non importa come specifica un punto .

2 . Non prendere le formulazioni estreme di Freud letteralmente . Trattarli come il suo modo di chiamare la vostra attenzione su un punto . Quando dice knever , i kinvariably , i kconclusively , mi e simili , continuate a leggere per le dichiarazioni gualifying e ammorbidenti . Ricordate il cambiamento che ha preso collocare nell'atmosfera generale, poiché Freud scrisse le sue opere più importanti ; accettazione sociale e rispettabilità hanno sostituito shock e ostilità , che ha fatto Freud sentire che il suo era un piccolo e la voce solitaria in un deserto freddo , tanto che ha dovuto gridare per farsi sentire a tutti.

3 . Cercate incongruenze ; Non sia inciampare o Seile su di essi con

gioia maligna , ma prendere come formulazioni dialettiche incompleti attesa la sintesi che lo stile cognitivo di Freud fece costantemente tiri indietro in .

4 . Essere in guardia per linguaggio figurativo , personificazione in particolare (reificato formulazioni di concetti come omuncoli). Ricordate che è lì soprattutto per il colore , anche se lo ha fatto in tempi di consegna Freud smarrito se stesso , e che è più giusto per lui a contare soprattutto su quelle delle sue dichiarazioni su questioni che sono meno poetica e drammatica .

5 . Non aspettatevi definizioni rigorose ; cercare piuttosto per il significato dei suoi termini del modi sono utilizzati per un periodo di tempo . E non essere sgomenti se si trova una parola di essere utilizzato in un posto nel suo ordinario , senso letterario , in un altro in un particolare senso tecnico che cambia con lo stato di sviluppo della teoria . Un'impresa come la Dizionario di psicoanalisi , messo insieme da un paio di analisti industriosi ma incaute che ha sollevato definizione - come frasi da molte delle opere di Freud , è completamente sbagliato in concepimento e tradisce una totale incomprensione di stile di Freud di pensare e di lavorare .

6 . Essere benignamente scettico riguardo le affermazioni di Freud di prova che qualcosa è stato stabilito senza ombra di dubbio . Ricordate che aveva diversi standard di prova di quanto facciamo oggi , che ha respinto esperimento parte da una troppo - concezione ristretta di esso e in parte perché aveva trovato stilisticamente incompatibile tempo prima che anche le prime opere di RA Fisher , e tendeva a confondere un'osservazione replicato con una teoria verificata del fenomeno in guestion .

7 . Ricorda che Freud è stato troppo appassionato di dicotomie , anche quando i suoi dati erano meglio conceptualiled come variabili continue ; in generale , non date per scontato che la teoria è invalidata dalla sua premesso gran parte del tempo in forma metodologicamente indifendibile.

f . Diffidare di persuasione di Freud . Tenete a mente che era un potente retore nelle aree in cui il suo piede scientifica era incerto . Anche se spesso era giusto , non era sempre per i motivi che ha dato , che sono quasi mai veramente sufficienti a dimostrare il suo caso , e non sempre nella misura in cui sperava .

Infine , essere particolarmente prudenti non a gravitare verso una delle due posizioni estreme e egually insostenibili : cioè ,

9 . Non prendere ogni frase di Freud come una profonda verità che può presentare difficoltà ma solo a causa delle nostre inadeguacies , la nostra difficoltà pedonale nel tenere il passo con l' impennata mente di un genio che non si sono preoccupati sempre di spiegare passaggi che erano evidenti a

lui, ma che dobbiamo fornire, laboriosa borsa di studio esegetico . Questa è la tentazione degli studiosi che lavorano all'interno degli istituti psicoanalitici , quelli freudiani serio che , al fastidio di Freud , aveva già cominciato a emergere durante la sua vita . Per molti di noi nelle università , la tentazione corrispondente è la più pericolosa :

10 . Non lasciatevi così offesi da decade di Freud di purezza metodologica che lo respingere tutto. Quasi ogni lettore può imparare un sacco enorme da Freud se lui ascolterà con attenzione e simpatia e non prendere troppo sul serio le sue dichiarazioni .

riferimenti

Amacher , P. 1965. Educazione neurologico di Freud e la sua influenza su psicoanalitica teoria . Problemi psicologici, 4 : Monograph No. 16 .
Andersson . O. 1962. Studi in preistoria della psicoanalisi : l'eziologia di psyclioneuroses e alcuni temi relativi negli scritti e lettere , 1886 scientifici di Sigmund Freud - 1896 . Stoccolma: Svenska Bokförlaget Norstedts .
Bernfeld , S. 1944. Prime teorie e la scuola di Helmholtl di Freud . Psicoanalisi Quarterly , 13 : 342 --- 362 .
xxxxx 1951. Sigmund Freud . M.D. . 1ff2 --- 1ff5 . International Journal of Psychoanalysis , 32 : 204 --- 217 .
Boring . E. G. 1954. Rassegna di vita kThe e l'opera di Sigmund Freud.n vol. I. da Ernest Jones . Psychological Bulletin , 51 : 433 --- 437 .
Breuer . J. . Freud . S. 1955. Studi sull'isteria . Standard Edition , vol . 2 . Londra : Hogarth .
Bry , Ilse . e Rifkin . A H. 1962. Freud e la storia delle idee : fonti primarie . 1ff6 --- 1910. In Scienza e Psicoanalisi , vol . V. , ed. J.H. Masserman . New York : Grune m Stratton .
Chein . I. 1972. La scienza del comportamento e l'immagine dell'uomo . New York : Basic Books .
Cranefield . P.F. 1957. La fisica organica 1f47 e la biofisica di oggi . Journal of Storia della Medicina , 12 : 407-423 .
Culbertson , J.T. 1963. Le menti dei robot . Urbana : University of Illinois Press .
Darwin. C. (1f59) Sulla origine delle specie . Cambridge : Harvard University Press . 1964.
Ellenberger . H. F. 1956. Fechner e Freud . Bollettino della Menninger Clinic , 20 : 201-214 .
xxxxx 1970. La scoperta dell'inconscio ; la storia e l'evoluzione della psichiatria dinamica . New York : Basic Books .
Freud. S. (1f95) Progetto per una psicologia scientifica . Standard Edition , vol . 1 . Londra :

Hogarth Press , 1966.

xxxxx (1f96) L'eziologia dell'isteria . Standard Edition . Vol . 3 . London: Hogarth . 1962. xxxxx (1ff7 - 1902) Le origini della psicoanalisi . New York : Basic Books . 1954.

xxxxx (1900), L'interpretazione dei sogni . Standard Edition , voll . 4 m 5 . London: Hogarth . 1953.

xxxxx (1901) La psicopatologia della vita quotidiana . Standard Edition . Vol . 6 . Londra : Hogarth . I960 .

xxxxx (1905a) Barzellette e la loro relazione con l'inconscio . Standard Edition , vol . f . Londra : Hogarth , 1960.

xxxxx (1905b), Tre saggi sulla teoria della sessualità . Standard Edition , vol . 7 . Londra : Hogarth , 1953.

xxxxx (1905c) Frammento di un'analisi di un caso di isteria . Standard Edition , vol . 7 . Londra : Hogarth , 1953.

xxxxx (1906) Le mie opinioni sul ruolo svolto dalla sessualità nell'eziologia delle nevrosi . Standard Edition , vol . 7 . London : Hogarth , 1953.

xxxxx (1912a) Raccomandazioni per i medici che praticano psico - analisi. Standard Edition , Vol . 12 . London : Hogarth , 195F .

xxxxx (1912b) Una nota sull'inconscio in psico - analisi . Standard Edition , vol . 12 . London : Hogarth , 195F .

xxxxx (1913) Totem e tabù . Standard Edition , vol . 13 . London : Hogarth , 1955.

xxxxx (1914) al narcisismo : Una introduzione . Standard Edition , vol . 14 . London : Hogarth , 1957.

xxxxx (1915a) Pulsioni e loro destini . Standard Edition , vol . 14 . London : Hogarth , 1957.

xxxxx (1915b) Repressione . Standard Edition , vol . 14 . London: Hogarth . 1957.

xxxxx (1915c) L'inconscio . Standard Edition , vol . 14 . London : Hogarth , 1957.

xxxxx (1916-1917) Introduzione alla psico - analisi. Standard Edition , voll . 15 m 16 . London : Hogarth , 1963.

xxxxx (1917) Lutto e melanconia . Standard Edition , vol . 14 . London : Hogarth , 1957.

xxxxx (1920) Al di là del principio di piacere . Standard Edition , vol . 1 septies. London : Hogarth , 1955.

Psicologia delle xxxxx (1921) e l'analisi dell'Io . Standard Edition , vol . 1 septies. London : Hogarth , 1955.

xxxxx (1923), L'Io e l'Es . Standard Edition , vol . 19 . London : Hogarth , 1961 .

xxxxx (1925) Uno studio autobiografico . Standard Edition , vol . 20 . London : Hogarth , 1959.

xxxxx (1926a) Inibizione, sintomo e angoscia . Standard Edition , vol . 20 . Londra : Hogarth , 1959.

xxxxx (1926b) La guestion dell'analisi laica . Standard Edition , vol. 20 . London : Hogarth , 1959.

xxxxx (1927) Il futuro di un'illusione . Standard Edition , vol . 21 . London : Hogarth , 1961 .

xxxxx (1930) Civililation e le sue insoddisfazioni . Standard Edition , vol . 21 . London : Hogarth , 1961.

xxxxx (1933) Nuove lezioni introduttive sulla psico - analisi. Standard Edition , vol . 22 . London : Hogarth , 1964.

xxxxx (1934 - 3f) Mosè e il monoteismo : tre saggi . Standard Edition , vol . 23 . Londra : Hogarth , 1964.

xxxxx (1940) Cenni di psico - analisi. Standard Edition , vol . 23 . London : Hogarth ,

1964.

xxxxx (1960) Lettere di Sigmund Freud . E. L. Freud . New York : Basic Books .

Galdston , I. 1956. Freud e la medicina romantica . Bollettino di Storia della Medicina , 30 : 4F9 - 507 .

Gardner , RW , Hollman , PS , Klein , GS , Linton , Harriet B. , e Spence , DP 1959. Controllo cognitivo , uno studio di singoli consistenze nel comportamento cognitivo . Problemi psicologici , 1 , Monografia n ° 4 .

Genung , J. F. 1900 . I principi di funzionamento della retorica . Boston : Ginn .

Graham, Elaine . 1955. Atteggiamenti diretti - interni - diretti e altri . dottorato inedito tesi di laurea , Università di Yale

Holt, R. R. 1961. Il giudizio clinico come inguiry disciplinato . Journal of Nervose e Mentali

Malattia , 133 : 369 --- 3f2 .

xxxxx 1962. Un esame critico del concetto freudiano di legato vs investimento gratuiti . Journal of l'American Psychoanalytic Association , 10 : 475-525 .

xxxxx 1963. Due influenze sul pensiero scientifico di Freud : un frammento di intellettuale biografia . Nello studio della vita , ed. R. W. White . New York : Atherton Press .

xxxxx 1964. Imagery : il ritorno del ostraciled . American Psychologist , 194 : 254 --- 264 .

xxxxx 1965a . Una rassegna di alcuni dei presupposti biologici di Freud e la loro influenza sul suo teorie . In Psicoanalisi e attuale pensiero biologico , ed. N. Greenfield e W.

Lewis. Madison : University of Wisconsin Press .

xxxxx 1965b . Stile cognitivo di Freud . Americano Imago , 22 : 167 --- 179 .

xxxxx 1967. Al di là di vitalismo e il meccanismo : il concetto freudiano di energia psichica . in Scienza e psicoanalisi , ed. J. H. Masserman . Vol . WI, New York : Grune m Stratton .

xxxxx 196f . Freud, Sigmund . Enciclopedia Internazionale delle Scienze Sociali , vol . 6 . nuovo York : Macmillan , The Free Press .

xxxxx 1972a . Immagini meccanicistici ed umanistiche di Freud dell'uomo . In Psicoanalisi e scienza contemporanea , ed. R.R. Holt e E. Peterfreund . Vol . I. New York : Macmillan

xxxxx 1972b . Sulla natura e la generalità delle immagini mentali . Nella funzione e la natura delle immagini , ed. P. W. Sheehan . New York : Academic Press .

Hunter, RA , e Macalpine , I., eds. 1963. Trecento anni di psichiatria , 1535 - 1860 : un storia presentata nei testi inglesi selezionati . London: Oxford University Press .

Jackson , S. W. 1969. La storia dei concetti freudiani di regressione . Journal of the American Psychoanalytic Association , 17 : 743 - 7f4 .

Jones , E. 1953 , 1955 , 1957. La vita e l'opera di Sigmund Freud , voll . I, II , III m . New York : Basic Books .

Kaplan, A. 1964. La condotta di inchiesta . San Francisco : Chandler .

Kennedy, G. 1963. L'arte della persuasione in Grecia . Princeton : Princeton University Press .

Klein, G. S. 1951. Il mondo personale attraverso la percezione . In Percezione : un approccio alla personalità , ed. R. R. Blake e G. V. Ramsey . New York : Ronald Press .

xxxxx 1970. Percezione , motivazioni, e la personalità . New York : Knopf .

Linton , Harriet B. 1955. La dipendenza da influenze esterne : correla nella percezione , atteggiamenti e giudizio . Journal of Abnormal Psychology e sociale , 51 : 502-507 .

McBurney , J. H. 1936. Il luogo della entimema nella teoria retorica . Discorso Monografie , 3 : 49 --- 74 .

Nunberg , H. (1931) La funzione sintetica dell'Io . In pratica e teoria del psicoanalisi. New York : m nervoso Malattie Mentali Publishing Co. , 194F , pp i20 - 136 .

Rapaport , D. 1959. La struttura della teoria psicoanalitica : un tentativo systematiling . in Psicologia: Uno studio di una scienza , vol . 3 , ed. S. Koch . New York : McGraw Hill --- .

xxxxx e Gill , M. M. 1959. I punti di vista e assunzioni di metapsicologia . International Journal of Psycho - Analisi , 40 : 153-162 .

Riesman , D. 1950. La folla solitaria . New Haven : Yale University Press .

Spehlmann , R. 1953. Sigmund Freud Neurologische Schriften : Eine Unter - zur suchung Der Vorgeschichte Psychoanalyse . Berlin : Springer Verlag . (Riassunto in inglese di H. Kleinschmidt in indagine annuale di Psicoanalisi , 1953 , 4 : 693-706) .

Witkin , H. A. 1949. Percezione della posizione del corpo e della posizione del campo visivo . Psicologici Monografie, 63 . (7 . Whole No. 302) .

www.ingramcontent.com/pod-product-compliance
Lightning Source LLC
Chambersburg PA
CBHW060343290526
45791CB00004B/1516